PREFACIO

La colección de guías de conversación para viajar "Todo irá bien" publicada por T&P Books está diseñada para personas que viajan al extranjero para turismo y negocios. Las guías contienen lo más importante - los elementos esenciales para una comunicación básica.Éste es un conjunto de frases imprescindibles para "sobrevivir" mientras está en el extranjero.

Esta guía de conversación le ayudará en la mayoría de los casos donde usted necesite pedir algo, conseguir direcciones, saber cuánto cuesta algo, etc. Puede también resolver situaciones difíciles de la comunicación donde los gestos no pueden ayudar.

Este libro contiene muchas frases que han sido agrupadas según los temas más relevantes. Una sección separada del libro también ofrece un pequeño diccionario con más de 1.500 palabras importantes y útiles.

Llévese la guía de conversación "Todo irá bien" en el camino y tendrá una insustituible compañera de viaje que le ayudará a salir de cualquier situación y le enseñará a no temer hablar con extranjeros.

TABLA DE CONTENIDOS

T&P Books Publishing

Colección de guías de conversación
"¡Todo irá bien!"

T&P Books Publishing

GUÍA DE CONVERSACIÓN
— HEBREO —

LAS PALABRAS Y LAS FRASES MÁS ÚTILES

Esta Guía de Conversación
contiene las frases y las
preguntas más comunes
necesitadas para una
comunicación básica
con extranjeros

Andrey Taranov

T&P BOOKS

Guía de conversación + diccionario de 1500 palabras

Guía de conversación Español-Hebreo y diccionario conciso de 1500 palabras

por Andrey Taranov

La colección de guías de conversación para viajar "Todo irá bien" publicada por T&P Books está diseñada para personas que viajan al extranjero para turismo y negocios. Las guías contienen lo más importante - los elementos esenciales para una comunicación básica. Éste es un conjunto de frases imprescindibles para "sobrevivir" mientras está en el extranjero.

Una otra sección del libro también ofrece un pequeño diccionario con más de 1.500 palabras útiles. El diccionario incluye muchos términos gastronómicos y será de gran ayuda para pedir los alimentos en un restaurante o comprando comestibles en la tienda.

T&P Books Publishing
www.tpbooks.com

ISBN: 978-1-78716-990-6

Este libro está disponible en formato electrónico o de E-Book también.
Visite www.tpbooks.com o las librerías electrónicas más destacadas en la Red.

PRONUNCIACIÓN

El nombre de la letra	La letra	Ejemplo hebreo	T&P alfabeto fonético	Ejemplo español
Alef	א	אריה	[ɑ], [ɑ:]	altura
	א	אחד	[ɛ], [ɛ:]	buceo
	א	מָאֶה	['] (hamza)	oclusiva glotal sorda
Bet	ב	בית	[b]	en barco
Guímel	ג	גמל	[g]	jugada
Guímel+geresh	ג׳	ג׳וּנגֶל	[ʤ]	jazz
Dálet	ד	דג	[d]	desierto
Hei	ה	הר	[h]	registro
Vav	ו	וסת	[v]	travieso
Zayn	ז	זאב	[z]	desde
Zayn+geresh	ז׳	ז׳וּרנָל	[ʒ]	adyacente
Jet	ח	חוט	[x]	reloj
Tet	ט	טוב	[t]	torre
Yod	י	יום	[j]	asiento
Kaf	ך כ	בריש	[k]	charco
Lámed	ל	לחם	[l]	lira
Mem	ם מ	מלך	[m]	nombre
Nun	ן נ	נר	[n]	número
Sámaj	ס	סוס	[s]	salva
Ayin	ע	עין	[ɑ], [ɑ:]	altura
	ע	תָשׁעִים	['] (ayn)	fricativa faríngea sonora
Pei	ף פ	פיל	[p]	precio
Tzadi	ץ צ	צעצוע	[ts]	tsunami
Tzadi+geresh	צ׳י׳	צ׳ק	[ʧ]	mapache
Qof	ק	קוף	[k]	charco
Resh	ר	רכבת	[r]	R francesa (gutural)
Shin	ש	שלחן, עָשׂרִים	[s], [ʃ]	salva, shopping
Taf	ת	תפוז	[t]	torre

LISTA DE ABREVIATURAS

hombre	- hablando a un hombre
mujer	- hablando a una mujer
hombre	- un hombre habla
hombre hombre	- un hombre habla con un hombre
hombre mujer	- un hombre habla con una mujer
mujer	- una mujer habla
mujer hombre	- una mujer habla con un hombre
mujer mulher	- una mujer habla con una mujer
mujeres	- unas mujeres están hablando
pareja, hombres	- una pareja o unos hombres hablan

Abreviatura en español

adj	- adjetivo
adv	- adverbio
anim.	- animado
conj	- conjunción
etc.	- etcétera
f	- sustantivo femenino
f pl	- femenino plural
fam.	- uso familiar
fem.	- femenino
form.	- uso formal
inanim.	- inanimado
innum.	- innumerable
m	- sustantivo masculino
m pl	- masculino plural
m, f	- masculino, femenino
masc.	- masculino
mat	- matemáticas
mil.	- militar
num.	- numerable
p.ej.	- por ejemplo
pl	- plural
pron	- pronombre
sg	- singular

v aux	-	verbo auxiliar
vi	-	verbo intransitivo
vi, vt	-	verbo intransitivo, verbo transitivo
vr	-	verbo reflexivo
vt	-	verbo transitivo

Abreviatura en hebreo

ז	-	masculino
ז״ר	-	masculino plural
ז, נ	-	masculino, femenino
נ	-	femenino
נ״ר	-	femenino plural

T&P BOOKS

GUÍA DE CONVERSACIÓN HEBREO

Esta sección contiene frases
importantes que pueden
resultar útiles en varias
situaciones de la vida real.
La Guía le ayudará a pedir
direcciones, aclaración
sobre precio, comprar billetes,
y pedir alimentos en un
restaurante

T&P Books Publishing

CONTENIDO DE LA GUÍA DE CONVERSACIÓN

T&P Books Publishing

Lo más imprescindible

Perdone, ... (⇨ hombre)	slaχ li, ... **סלח לי, ...**
Perdone, ... (⇨ mujer)	silχi li, ... **סלחי לי, ...**
Hola.	ʃalom. **שלום.**
Gracias.	toda. **תודה.**
Sí.	ken. **כן.**
No.	lo. **לא.**
No lo sé. (hombre ⇨)	ani lo yo'de'a. **אני לא יודע.**
No lo sé. (mujer ⇨)	ani lo yo'da'at. **אני לא יודעת.**
¿Dónde? | ¿A dónde? | ¿Cuándo?	eifo? | le'an? | matai? **איפה? | לאן? | מתי?**

Necesito ... (hombre ⇨)	ani tsariχ ... **אני צריך ...**
Necesito ... (mujer ⇨)	ani tsriχa ... **אני צריכה ...**
Quiero ... (hombre ⇨)	ani rotse ... **אני רוצה ...**
Quiero ... (mujer ⇨)	ani rotsa ... **אני רוצה ...**
¿Tiene ...? (⇨ hombre)	ha'im yeʃ leχa ...? **האם יש לך ?...**
¿Tiene ...? (⇨ mujer)	ha'im yeʃ laχ ...? **האם יש לך ?...**
¿Hay ... por aquí?	ha'im yeʃ po ...? **האם יש פה ?...**
¿Puedo ...? (hombre ⇨)	ha'im ani yaχol ...? **האם אני יכול ?...**
¿Puedo ...? (mujer ⇨)	ha'im ani yeχola ...? **האם אני יכולה ?...**
..., por favor? (petición educada)	..., bevakaʃa **בבקשה, ...**

Busco ... (hombre ⇨)	ani meχapes ... **אני מחפש ...**
Busco ... (mujer ⇨)	ani meχa'peset ... **אני מחפשת ...**

el servicio	ʃerutim שירותים
un cajero automático	kaspomat כספומט
una farmacia	beit merʼkaχat בית מרקחת
el hospital	beit χolim בית חולים
la comisaría	taχanat miʃtara תחנת משטרה
el metro	raʼkevet taχtit רכבת תחתית
un taxi	monit, ʼteksi מונית, טקסי
la estación de tren	taχanat raʼkevet תחנת רכבת

Me llamo …	korʼim li … קוראים לי ...
¿Cómo se llama? (⇨ hombre)	eiχ korʼim leχa? איך קוראים לך?
¿Cómo se llama? (⇨ mujer)	eiχ korʼim laχ? איך קוראים לך?

¿Puede ayudarme, por favor? (⇨ hombre)	haʼim ata yaχol laʻazor li? האם אתה יכול לעזור לי?
¿Puede ayudarme, por favor? (⇨ mujer)	haʼim at yeχola laʻazor li? האם את יכולה לעזור לי?
Tengo un problema.	yeʃ li beʻaya. יש לי בעייה.
Me encuentro mal. (hombre ⇨)	ani lo margiʃ tov. אני לא מרגיש טוב.
Me encuentro mal. (mujer ⇨)	ani lo margiʃa tov. אני לא מרגישה טוב.

¡Llame a una ambulancia! (⇨ hombre)	hazmen ʼambulans! הזמן אמבולנס!
¡Llame a una ambulancia! (⇨ mujer)	hazʼmini ʼambulans! הזמיני אמבולנס!
¿Puedo llamar, por favor? (hombre ⇨)	haʼim ani yaχol lehitkaʃer? האם אני יכול להתקשר?
¿Puedo llamar, por favor? (mujer ⇨)	haʼim ani yeχola lehitkaʃer? האם אני יכולה להתקשר?

Lo siento. (hombre ⇨)	ani mitstaʻer. אני מצטער.
Lo siento. (mujer ⇨)	ani mitstaʼʼeret. אני מצטערת.
De nada.	ein beʻad ma, bevakaʃa. אין בעד מה, בבקשה.
Yo	ani אני

tú (masc.)	ata	אתה
tú (fem.)	at	את
él	hu	הוא
ella	hi	היא
ellos	hem	הם
ellas	hen	הן
nosotros /nosotras/	a'naχnu	אנחנו
ustedes, vosotros (masc.)	atem	אתם
ustedes, vosotras (fem.)	aten	אתן
usted (masc.)	ata	אתה
usted (fem.)	at	את

ENTRADA	knisa	כניסה
SALIDA	yetsiʾa	יציאה
FUERA DE SERVICIO	lo poʾel	לא פועל
CERRADO	sagur	סגור
ABIERTO	pa'tuaχ	פתוח
PARA SEÑORAS	lenaʃim	לנשים
PARA CABALLEROS	ligvarim	לגברים

Preguntas

¿Dónde?	eifo? איפה?
¿A dónde?	le'an? לאן?
¿De dónde?	me"eifo? מאיפה?
¿Por qué?	lama? למה?
¿Con que razón?	me"eizo siba? מאיזו סיבה?
¿Cuándo?	matai? מתי?

¿Cuánto tiempo?	kama zman? כמה זמן?
¿A qué hora?	be"eizo ʃa'a? באיזו שעה?
¿Cuánto?	kama? כמה?
¿Tiene ...? (⇨ hombre)	ha'im yeʃ leχa ...? האם יש לך ...?
¿Tiene ...? (⇨ mujer)	ha'im yeʃ laχ ...? האם יש לך ...?
¿Dónde está ...?	eifo ...? איפה ...?

¿Qué hora es?	ma haʃa'a? מה השעה?
¿Puedo llamar, por favor? (hombre ⇨)	ha'im ani yaχol lehitkaʃer? האם אני יכול להתקשר?
¿Puedo llamar, por favor? (mujer ⇨)	ha'im ani yeχola lehitkaʃer? האם אני יכולה להתקשר?
¿Quién es?	mi ʃam? מי שם?
¿Se puede fumar aquí?	ha'im mutar le'aʃen kan? האם מותר לעשן כאן?
¿Puedo ...? (hombre ⇨)	ha'im ani yaχol ...? האם אני יכול ...?
¿Puedo ...? (mujer ⇨)	ha'im ani yeχola ...? האם אני יכולה ...?

Necesidades

Quisiera ... (hombre ⇨)	ha'yiti rotse ... הייתי רוצה ...
Quisiera ... (mujer ⇨)	ha'yiti rotsa ... הייתי רוצה ...
No quiero ... (hombre ⇨)	ani lo rotse ... אני לא רוצה ...
No quiero ... (mujer ⇨)	ani lo rotsa ... אני לא רוצה ...
Tengo sed. (hombre ⇨)	ani tsame. אני צמא.
Tengo sed. (mujer ⇨)	ani tsme'a. אני צמאה.
Tengo sueño.	ani rotse lifon. אני רוצה לישון.

Quiero ... (hombre ⇨)	ani rotse ... אני רוצה ...
Quiero ... (mujer ⇨)	ani rotsa ... אני רוצה ...
lavarme	liftof panim veya'dayim לשטוף פנים וידיים
cepillarme los dientes	letsaχ'tseaχ fi'nayim לצחצח שיניים
descansar un momento	la'nuaχ ktsat לנוח קצת
cambiarme de ropa	lehaχlif bgadim להחליף בגדים
volver al hotel	laχazor lamalon לחזור למלון
comprar ...	liknot ... לקנות ...
ir a ...	la'leχet le ... ללכת ל ...
visitar ...	levaker be ... לבקר ב ...
quedar con ...	lehipagef im ... להיפגש עם ...
hacer una llamada	letalfen, lehitkafer לטלפן, להתקשר

Estoy cansado. (hombre ⇨)	ani ayef. אני עייף.
Estoy cansada. (mujer ⇨)	ani ayefa. אני עייפה.

Estamos cansados. (pareja, hombres ⇨)	a'naχnu ayefim. אנחנו עייפים.
Estamos cansadas. (mujeres ⇨)	anaχnu ayefot. אנחנו עייפות.
Tengo frío.	kar li. קר לי.
Tengo calor.	χam li. חם לי.
Estoy bien.	ani be'seder. אני בסדר.

Tengo que hacer una llamada. (hombre ⇨)	ani tsariχ lehitkaʃer. אני צריך להתקשר.
Tengo que hacer una llamada. (mujer ⇨)	ani tsriχa lehitkaʃer. אני צריכה להתקשר.
Necesito ir al servicio. (hombre ⇨)	ani tsariχ leʃerutim. אני צריך ללכת לשירותים.
Necesito ir al servicio. (mujer ⇨)	ani tsriχa leʃerutim. אני צריכה ללכת לשירותים.
Me tengo que ir. (hombre ⇨)	ani tsariχ la'leχet. אני צריך ללכת.
Me tengo que ir. (mujer ⇨)	ani tsriχa la'leχet. אני צריכה ללכת.
Me tengo que ir ahora. (hombre ⇨)	ani χayav la'leχet aχʃav. אני חייב ללכת עכשיו.
Me tengo que ir ahora. (mujer ⇨)	ani χa'yevet la'leχet aχʃav. אני חייבת ללכת עכשיו.

Preguntar por direcciones

Perdone, … (hombre ⇨)
slaχ li, …
, ... סלח לי

Perdone, … (mujer ⇨)
silχi li, …
, ... סלחי לי

¿Dónde está …?
eifo …?
?... איפה

¿Por dónde está …?
eiχ megi'im le …?
?... איך מגיעים ל

¿Puede ayudarme, por favor? (⇨ hombre)
ha'im ata yaχol la'azor li, bevakaʃa?
האם אתה יכול לעזור לי, בבקשה?

¿Puede ayudarme, por favor? (⇨ mujer)
ha'im at yeχola la'azor li, bevakaʃa?
האם את יכולה לעזור לי, בבקשה?

Busco … (hombre ⇨)
ani meχapes …
... אני מחפש

Busco … (mujer ⇨)
ani meχa'peset …
... אני מחפשת

Busco la salida. (hombre ⇨)
ani meχapes et hayetsi'a.
אני מחפש את היציאה.

Busco la salida. (mujer ⇨)
ani meχa'peset et hayetsi'a.
אני מחפשת את היציאה.

Voy a … (hombre ⇨)
ani holeχ le …
... אני הולך ל

Voy a … (mujer ⇨)
ani ho'leχet le …
... אני הולכת ל

¿Voy bien por aquí para …?
ha'im ani bakivun hanaχon le …?
?... האם אני בכיוון הנכון ל

¿Está lejos?
ha'im ze raχok?
האם זה רחוק?

¿Puedo llegar a pie?
ha'im efʃar leha'gi'a leʃam ba'regel?
האם אפשר להגיע לשם ברגל?

¿Puede mostrarme en el mapa? (⇨ hombre)
ha'im ata yaχol lehar'ot li al hamapa?
האם אתה יכול להראות לי על המפה?

¿Puede mostrarme en el mapa? (⇨ mujer)
ha'im at yeχola lehar'ot li al hamapa?
האם את יכולה להראות לי על המפה?

Por favor muestreme dónde estamos. (⇨ hombre)
har'e li heiχan 'anu nimtsa'im aχʃav.
הראה לי היכן אנו נמצאים עכשיו.

Por favor muestreme dónde estamos. (⇨ mujer)
har'i li heiχan 'anu nimtsa'im aχʃav.
הראי לי היכן אנו נמצאים עכשיו.

Aquí
kan, po
כאן, פה

Allí
ʃam
שם

Por aquí	lekan
	לכאן
Gire a la derecha. (⇨ hombre)	pne ya'mina.
	פנה ימינה.
Gire a la derecha. (⇨ mujer)	pni ya'mina.
	פני ימינה.
Gire a la izquierda. (⇨ hombre)	pne 'smola.
	פנה שמאלה.
Gire a la izquierda. (⇨ mujer)	pni 'smola.
	פני שמאלה.
la primera (segunda, tercera) calle	pniya riʃona (ʃniya, ʃliʃit)
	פנייה ראשונה (שנייה, שלישית)
a la derecha	ya'mina
	ימינה
a la izquierda	smola
	שמאלה
Siga recto. (⇨ hombre)	leχ yaʃar.
	לך ישר.
Siga recto. (⇨ mujer)	leχi yaʃar.
	לכי ישר.

Carteles

¡BIENVENIDO!	bruχim haba'im! ברוכים הבאים!
ENTRADA	knisa כניסה
SALIDA	yetsi'a יציאה
EMPUJAR	dχof דחוף
TIRAR	mʃoχ משוך
ABIERTO	pa'tuaχ פתוח
CERRADO	sagur סגור
PARA SEÑORAS	lenaʃim לנשים
PARA CABALLEROS	ligvarim לגברים
CABALLEROS	gvarim גברים
SEÑORAS	naʃim נשים
REBAJAS	hanaχot הנחות
VENTA	mivtsa מבצע
GRATIS	χinam, beχinam חינם, בחינם
¡NUEVO!	χadaʃ! חדש!
ATENCIÓN	sim lev! שים לב!
COMPLETO	ein mekomot pnuyim אין מקומות פנויים
RESERVADO	ʃamur שמור
ADMINISTRACIÓN	hanhala הנהלה
SÓLO PERSONAL AUTORIZADO	le'ovdim bilvad לעובדים בלבד

CUIDADO CON EL PERRO	zehirut, 'kelev! זהירות כלב!
NO FUMAR	asur le'aʃen! אסור לעשן!
NO TOCAR	asur la'ga'at! אסור לגעת!

PELIGROSO	mesukan מסוכן
PELIGRO	sakana סכנה
ALTA TENSIÓN	metaχ ga'voha מתח גבוה
PROHIBIDO BAÑARSE	asur lisχot! אסור לשחות!

FUERA DE SERVICIO	lo po'el לא פועל
INFLAMABLE	dalik דליק
PROHIBIDO	asur אסור
PROHIBIDO EL PASO	ein ma'avar אין מעבר
RECIÉN PINTADO	tseva laχ, 'tseva tari צבע לח, צבע טרי

CERRADO POR RENOVACIÓN	sagur leʃiputsim סגור לשיפוצים
EN OBRAS	avodot bakviʃ עבודות בכביש
DESVÍO	ma'akaf מעקף

Transporte. Frases generales

el avión	matos **מטוס**
el tren	ra'kevet **רכבת**
el bus	'otobus **אוטובוס**
el ferry	ma'a'boret **מעבורת**
el taxi	monit **מונית**
el coche	meχonit **מכונית**

el horario	luaχ zmanim **לוח זמנים**
¿Dónde puedo ver el horario?	heiχan efʃar lir'ot et 'luaχ hazmanim? **היכן אפשר לראות את לוח הזמנים?**
días laborables	yemei avoda **ימי עבודה**
fines de semana	sofei ʃa'vu'a **סופי שבוע**
días festivos	χagim **חגים**

SALIDA	hamra'a **המראה**
LLEGADA	neχita **נחיתה**
RETRASADO	ikuv **עיכוב**
CANCELADO	bitul **ביטול**

siguiente (tren, etc.)	haba /haba'a/ **הבא /הבאה/**
primero	riʃon /riʃona/ **ראשון /ראשונה/**
último	aχaron /aχrona/ **אחרון /אחרונה/**

¿Cuándo pasa el siguiente …?	matai ha … haba /haba'a/? **מתי ה ... הבא /הבאה?**
¿Cuándo pasa el primer …?	matai ha … hariʃon /hariʃona/? **מתי ה ... הראשון /הראשונה?**

¿Cuándo pasa el último …?   matai ha … ha'aχaron /ha'aχrona/?
מתי ה ... האחרון /האחרונה?/

el trasbordo (cambio de trenes, etc.)   haχlafa, ko'nekʃen
החלפה, קונקשן

hacer un trasbordo   la'asot haχlafa
לעשות החלפה

¿Tengo que hacer un trasbordo? (hombre ⇨)   ha'im ani tsariχ la'asot haχlafa?
האם אני צריך לעשות החלפה?

¿Tengo que hacer un trasbordo? (mujer ⇨)   ha'im ani tsriχa la'asot haχlafa?
האם אני צריכה לעשות החלפה?

Comprar billetes

¿Dónde puedo comprar un billete?	heiχan eſſar liknot kartisim? היכן אפשר לקנות כרטיסים?
el billete	kartis כרטיס
comprar un billete	liknot kartis לקנות כרטיס
precio del billete	meχir kartis מחיר כרטיס

¿Para dónde?	le'an? לאן?
¿A qué estación?	le"eizo taχana? לאיזו תחנה?
Necesito ... (hombre ⇨)	ani tsariχ ... אני צריך ...
Necesito ... (mujer ⇨)	ani tsriχa ... אני צריכה ...
un billete	kartis eχad כרטיס אחד
dos billetes	ſnei kartisim שני כרטיסים
tres billetes	ſloſa kartisim שלושה כרטיסים
sólo ida	kivun eχad כיוון אחד
ida y vuelta	haloχ vaſov הלוך ושוב
en primera (primera clase)	maχlaka riſona מחלקה ראשונה
en segunda (segunda clase)	maχlaka ſniya מחלקה שנייה
hoy	hayom היום
mañana	maχar מחר
pasado mañana	maχara'tayim מחרתיים
por la mañana	ba'boker בבוקר
por la tarde	aχar hatsaha'rayim אחר הצהריים
por la noche	ba"erev בערב

asiento de pasillo	moʃav bama'avar
	מושב במעבר
asiento de ventanilla	moʃav leyad haχalon
	מושב ליד החלון
¿Cuánto cuesta?	kama?
	כמה?
¿Puedo pagar con tarjeta?	ha'im efʃar leʃalem bekatrtis aʃrai?
	האם אפשר לשלם בברטיס אשראי?

Autobús

el autobús	'otobus אוטובוס
el autobús interurbano	'otobus bein ironi אוטובוס בין-עירוני
la parada de autobús	taχanat 'otobus תחנת אוטובוס
¿Dónde está la parada de autobuses más cercana?	eifo taχanat ha''otobus hakrova beyoter? איפה תחנת האוטובוס הקרובה ביותר?
número	mispar מספר
¿Qué autobús tengo que tomar para …?	eize 'otobus tsariχ la'kaχat kedei leha'gi'a le…? איזה אוטובוס צריך לקחת כדי להגיע ל?...
¿Este autobús va a …?	ha'im ha''otobus haze ma'gi'a le …? האם האוטובוס הזה מגיע ל ?...
¿Cada cuanto pasa el autobús?	ma hatadirut ʃel ha'oto'busim? מה התדירות של האוטובוסים?
cada 15 minutos	kol χameʃ esre dakot כל חמש עשרה דקות
cada media hora	kol χatsi ʃa'a כל חצי שעה
cada hora	kol ʃa'a כל שעה
varias veces al día	mispar pe'amim beyom מספר פעמים ביום
… veces al día	… pe'amim beyom ... פעמים ביום
el horario	luaχ zmanim לוח זמנים
¿Dónde puedo ver el horario?	heiχan efʃar lir'ot et 'luaχ hazmanim? היכן אפשר לראות את לוח הזמנים?
¿Cuándo pasa el siguiente autobús?	matai ha''otobus haba? מתי האוטובוס הבא?
¿Cuándo pasa el primer autobús?	matai ha''otobus hariʃon? מתי האוטובוס הראשון?
¿Cuándo pasa el último autobús?	matai ha''otobus ha'aχaron? מתי האוטובוס האחרון?

la parada	taχanat atsira
	תחנת עצירה
la siguiente parada	hataχana haba'a
	התחנה הבאה
la última parada	taχana aχrona
	תחנה אחרונה
Pare aquí, por favor. (⇨ hombre)	atsor kan, bevakaʃa.
	עצור כאן, בבקשה.
Pare aquí, por favor. (⇨ mujer)	itsri kan, bevakaʃa.
	עצרי כאן, בבקשה.
Perdone, esta es mi parada. (⇨ hombre)	slaχ li, zo hataχana ʃeli.
	סלח לי, זו התחנה שלי.
Perdone, esta es mi parada. (⇨ mujer)	silχi li, zo hataχana ʃeli.
	סלחי לי, זו התחנה שלי.

Tren

el tren	ra'kevet
	רכבת
el tren de cercanías	ra'kevet parvarim
	רכבת פרברים
el tren de larga distancia	ra'kevet bein ironit
	רכבת בין-עירונית
la estación de tren	taχanat ra'kevet
	תחנת רכבת
Perdone, ¿dónde está la salida al anden? (⇨ hombre)	slaχ li, 'eifo hayetsi'a laratsif?
	סלח לי, איפה היציאה לרציף?
Perdone, ¿dónde está la salida al anden? (⇨ mujer)	silχi li, 'eifo hayetsi'a laratsif?
	סלחי לי, איפה היציאה לרציף?

¿Este tren va a …?	ha'im hara'kevet hazo megi'a le …?
	האם הרכבת הזו מגיעה ל ?...
el siguiente tren	hara'kevet haba'a
	הרכבת הבאה
¿Cuándo pasa el siguiente tren?	matai hara'kevet haba'a?
	מתי הרכבת הבאה?
¿Dónde puedo ver el horario?	heiχan efʃar lir'ot et 'luaχ hazmanim?
	היכן אפשר לראות את לוח הזמנים?
¿De qué andén?	me''eize ratsif?
	מאיזה רציף?
¿Cuándo llega el tren a …?	matai hara'kevet megi'a le …?
	מתי הרכבת מגיעה ל ?...

Ayudeme, por favor. (⇨ hombre)	azor li bevakaʃa.
	עזור לי בבקשה.
Ayudeme, por favor. (⇨ mujer)	izri li bevakaʃa.
	עזרי לי בבקשה.
Busco mi asiento. (hombre ⇨)	ani meχapes et hamoʃav ʃeli.
	אני מחפש את המושב שלי.
Busco mi asiento. (mujer ⇨)	ani meχa'peset et hamoʃav ʃeli.
	אני מחפשת את המושב שלי.
Buscamos nuestros asientos. (pareja, hombres ⇨)	anu meχapsim et hamoʃavim ʃe'lanu
	אנו מחפשים את המושבים שלנו.
Buscamos nuestros asientos. (mujeres ⇨)	anu meχapsot et hamoʃavim ʃe'lanu
	אנו מחפשות את המושבים שלנו.
Mi asiento está ocupado.	hamoʃav ʃeli tafus.
	המושב שלי תפוס.
Nuestros asientos están ocupados.	hamoʃavim ʃe'lanu tfusim.
	המושבים שלנו תפוסים.

Perdone, pero ese es mi asiento. (hombre ⇨)	ani mitsta'er, aval ze hamoʃav ʃeli.
	אני מצטער, אבל זה המושב שלי.
Perdone, pero ese es mi asiento. (mujer ⇨)	ani mitsta"eret, aval ze hamoʃav ʃeli.
	אני מצטערת, אבל זה המושב שלי.
¿Está libre?	ha'im hamoʃav haze tafus?
	האם המושב הזה תפוס?
¿Puedo sentarme aquí? (hombre ⇨)	ha'im ani yaχol la'ʃevet kan?
	האם אני יבול לשבת כאן?
¿Puedo sentarme aquí? (mujer ⇨)	ha'im ani yeχola laʃevet kan?
	האם אני יכולה לשבת כאן?

En el tren. Diálogo (Sin billete)

Su billete, por favor.	kartis, bevakaʃa. ברטיס, בבקשה.
No tengo billete.	ein li kartis. אין לי כרטיס.
He perdido mi billete.	i'badti et hakartis ʃeli. איבדתי את הכרטיס שלי.
He olvidado mi billete en casa.	ʃa'χaχti et hakartis ʃeli ba'bayit שכחתי את הכרטיס שלי בבית.
Le puedo vender un billete. (⇨ hombre)	ata yaχol liknot kartis mi'meni. אתה יכול לקנות כרטיס ממני.
Le puedo vender un billete. (⇨ mujer)	at yeχola liknot kartis mi'meni. את יכולה לקנות כרטיס ממני.
También deberá pagar una multa. (⇨ hombre)	titstareχ gam leʃalem knas. תצטרך גם לשלם קנס.
También deberá pagar una multa. (⇨ mujer)	titstarχi gam leʃalem knas. תצטרכי גם לשלם קנס.
Vale.	okei. אוקיי.
¿A dónde va usted? (⇨ hombre)	le'an ata no'se'a? לאן אתה נוסע?
¿A dónde va usted? (⇨ mujer)	le'an at nos'a'at? לאן את נוסעת?
Voy a … (hombre ⇨)	ani no'se'a le … אני נוסע ל ...
Voy a … (mujer ⇨)	ani nos'a'at le … אני נוסעת ל ...
¿Cuánto es? No lo entiendo. (hombre ⇨)	kama? ani lo mevin. כמה? אני לא מבין.
¿Cuánto es? No lo entiendo. (mujer ⇨)	kama? ani lo mevina. כמה? אני לא מבינה.
Escríbalo, por favor. (⇨ hombre)	ktov li et ze, bevakaʃa. כתוב לי את זה, בבקשה.
Escríbalo, por favor. (⇨ mujer)	kitvi li et ze, bevakaʃa. כתבי לי את זה, בבקשה.
Vale. ¿Puedo pagar con tarjeta?	okei. ha'im efʃar leʃalem bekartis aʃrai? אוקיי. האם אפשר לשלם בכרטיס אשראי?
Sí, puede.	ken, efʃar. כן, אפשר.
Aquí está su recibo. (⇨ hombre)	hine hakabala ʃelχa. הנה הקבלה שלך.
Aquí está su recibo. (⇨ mujer)	hine hakabala ʃelaχ' הינה הקבלה שלך

Disculpe por la multa. (hombre ⇨)

ani mitsta´er be'keʃer laknas.

אני מצטער בקשר לקנס.

Disculpe por la multa. (mujer ⇨)

ani mitsta"eret be'keʃer laknas.

אני מצטערת בקשר לקנס.

No pasa nada. Fue culpa mía.

ze be'seder. zo aʃmati.

זה בסדר. זו אשמתי.

Disfrute su viaje.

tiyul mehane.

טיול מהנה.

Taxi

taxi	monit
	מונית
taxista (masc.)	nahag monit
	נהג מונית
taxista (fem.)	na'heget monit
	נהגת מונית
coger un taxi	litpos monit
	לתפוס מונית
parada de taxis	taxanat moniyot
	תחנת מוניות
¿Dónde puedo coger un taxi?	eifo eʃar la'kaxat monit?
	איפה אפשר לקחת מונית?

llamar a un taxi	lehazmin monit
	להזמין מונית
Necesito un taxi. (hombre ⇨)	ani tsarix monit
	אני צריך מונית
Necesito un taxi. (mujer ⇨)	ani tsrixa monit
	אני צריכה מונית
Ahora mismo.	axʃav.
	עכשיו.
¿Cuál es su dirección? (⇨ hombre)	ma ha'ktovet ʃelxa?
	מה הכתובת שלך?
¿Cuál es su dirección? (⇨ mujer)	ma ha'ktovet ʃelax?
	מה הכתובת שלך?
Mi dirección es …	ha'ktovet ʃeli hi …
	הכתובת שלי היא …
¿Cuál es el destino? (⇨ hombre)	le'an ata no'seʻa?
	לאן אתה נוסע?
¿Cuál es el destino? (⇨ mujer)	le'an at nos'aʻat?
	לאן את נוסעת?

Perdone, … (⇨ hombre)	slax li, …
	סלח לי, …
Perdone, … (⇨ mujer)	silxi li, …
	סלחי לי, …
¿Está libre? (⇨ hombre)	ha'im ata panui?
	האם אתה פנוי?
¿Está libre? (⇨ mujer)	ha'im at pnuya?
	האם את פנויה?
¿Cuánto cuesta ir a …?	kama ze ole lin'soʻa le …?
	כמה זה עולה לנסוע ל …?
¿Sabe usted dónde está? (⇨ hombre)	ha'im ata yo'deʻa 'eifo ze?
	האם אתה יודע איפה זה?

¿Sabe usted dónde está? (⇨ mujer)	ha'im at yod'a'at 'eifo ze?
	?האם את יודעת איפה זה
Al aeropuerto, por favor.	lisde hate'ufa, bevakaʃa.
	.לשדה התעופה, בבקשה
Pare aquí, por favor. (⇨ hombre)	atsor kan, bevakaʃa.
	.עצור כאן, בבקשה
Pare aquí, por favor. (⇨ mujer)	itsri kan, bevakaʃa.
	.עצרי כאן, בבקשה

No es aquí.	ze lo kan.
	.זה לא כאן
La dirección no es correcta.	zo lo ha'ktovet haneχona.
	.זו לא הכתובת הנכונה
Gire a la izquierda. (⇨ hombre)	pne 'smola.
	.פנה שמאלה
Gire a la izquierda. (⇨ mujer)	pni 'smola.
	.פני שמאלה
Gire a la derecha. (⇨ hombre)	pne ya'mina.
	.פנה ימינה
Gire a la derecha. (⇨ mujer)	pni ya'mina.
	.פני ימינה

¿Cuánto le debo? (hombre ⇨)	kama me'gi'a leχa?
	?כמה מגיע לך
¿Cuánto le debo? (mujer ⇨)	kama me'gi'a laχ?
	?כמה מגיע לך
¿Me da un recibo, por favor?	efʃar lekabel kabala, bevakaʃa?
	?אפשר לקבל קבלה, בבקשה
Quédese con el cambio. (⇨ hombre)	ʃmor et ha''odef.
	.שמור את העודף
Quédese con el cambio. (⇨ mujer)	ʃimri et ha''odef.
	.שמרי את העודף

Espéreme, por favor. (⇨ hombre)	ha'im ata muχan leχakot li, bevakaʃa?
	?האם אתה מוכן לחכות לי, בבקשה
Espéreme, por favor. (⇨ mujer)	ha'im at muχana leχakot li, bevakaʃa?
	?האם את מוכנה לחכות לי, בבקשה
cinco minutos	χameʃ dakot
	חמש דקות
diez minutos	eser dakot
	עשר דקות
quince minutos	χameʃ esre dakot
	חמש עשרה דקות
veinte minutos	esrim dakot
	עשרים דקות
media hora	χatsi ʃa'a
	חצי שעה

Hotel

Hola.	ʃalom. שלום.
Me llamo …	korʾim li … קוראים לי ...
Tengo una reserva.	yeʃ li hazmana. יש לי הזמנה.

Necesito … (hombre ⇨)	ani tsariχ … אני צריך ...
Necesito … (mujer ⇨)	ani tsriχa … אני צריכה ...
una habitación individual	χeder leyaχid חדר ליחיד
una habitación doble	χeder zugi חדר זוגי
¿Cuánto cuesta?	kama ze ole? כמה זה עולה?
Es un poco caro.	ze ktsat yakar. זה קצת יקר.

¿Tiene alguna más? (⇨ hombre)	haʾim yeʃ leχa ʾoptsiyot aχerot? האם יש לך אופציות אחרות?
¿Tiene alguna más? (⇨ mujer)	haʾim yeʃ laχ ʾoptsiyot aχerot? האם יש לך אופציות אחרות?
Me quedo.	ani ekaχ et ze. אני אקח את זה.
Pagaré en efectivo.	ani eʃalem bimzuman. אני אשלם במזומן.

Tengo un problema.	yeʃ li beʾaya. יש לי בעיה.
Mi … no funciona. (masc.)	ha … ʃeli mekulkal. ה ... שלי מקולקל.
Mi … no funciona. (fem.)	ha … ʃeli mekulʾkelet. ה ... שלי מקולקלת.
Mi … está fuera de servicio. (masc.)	ha … ʃeli lo oved. ה ... שלי לא עובד.
Mi … está fuera de servicio. (fem.)	ha … ʃeli lo oʾvedet. ה ... שלי לא עובדת.

televisión	teleʾvizya טלוויזיה
aire acondicionado	mizug avir מיזוג אוויר

grifo	berez ברז
ducha	mik'laχat מקלחת
lavabo	kiyor כיור
caja fuerte	ka'sefet כספת
cerradura	man'ul מנעול
enchufe	ʃeka שקע
secador de pelo	meyabeʃ se'ar מייבש שיער
No tengo …	ein li … אין לי ...
agua	mayim מים
luz	te'ura תאורה
electricidad	χaʃmal חשמל

¿Me puede dar …?	ha'im at yeχola latet li …? האם את יכולה לתת לי ?...
una toalla	ma'gevet מגבת
una sábana	smiχa שמיכה
unas chanclas	na'alei 'bayit נעלי בית
un albornoz	χaluk חלוק
un champú	ʃampo שמפו
jabón	sabon סבון

Quisiera cambiar de habitación. (hombre ⇨)	ani roʦe lehaχlif 'χeder. אני רוצה להחליף חדר.
Quisiera cambiar de habitación. (mujer ⇨)	ani roʦa lehaχlif 'χeder. אני רוצה להחליף חדר.
No puedo encontrar mi llave. (hombre ⇨)	ani lo moʦe et hamaf'teaχ ʃeli. אני לא מוצא את המפתח שלי.
No puedo encontrar mi llave. (mujer ⇨)	ani lo moʦet et hamaf'teaχ ʃeli. אני לא מוצאת את המפתח שלי.
Por favor abra mi habitación.	ha'im ata yaχol lif'toaχ et χadri, bevakaʃa? האם אתה יכול לפתוח את חדרי, בבקשה?
¿Quién es?	mi ʃam? מי שם?

¡Entre!	hikanes! היכנס!
¡Un momento!	rak 'rega! רק רגע!
Ahora no, por favor.	lo axʃav, bevakaʃa. לא עכשיו, בבקשה.

Venga a mi habitación, por favor.	bo'i lexadri, bevakaʃa. בואי לחדרי, בבקשה.
Quisiera hacer un pedido. (hombre ⇨)	ani mevakeʃ lehazmin ʃerut xadarim. אני מבקש להזמין שירות חדרים.
Quisiera hacer un pedido. (mujer ⇨)	ani meva'keʃet lehazmin ʃerut xadarim. אני מבקשת להזמין שירות חדרים.
Mi número de habitación es …	mispar ha'xeder ʃeli hu … מספר החדר שלי הוא …

Me voy … (hombre ⇨)	ani ozev … אני עוזב …
Me voy … (mujer ⇨)	ani o'zevet … אני עוזבת …
Nos vamos … (pareja, hombres ⇨)	a'naxnu ozvim … אנחנו עוזבים …
Nos vamos … (mujeres ⇨)	a'naxnu ozvot … אנחנו עוזבות …
Ahora mismo	axʃav עכשיו
esta tarde	axar hatsaha'rayim אחר הצהריים
esta noche	ha'laila הלילה
mañana	maxar מחר
mañana por la mañana	maxar ba'boker מחר בבוקר
mañana por la noche	maxar ba''erev מחר בערב
pasado mañana	maxara'tayim מחרתיים

¿Dónde puedo coger un taxi?	eifo eʃar la'kaxat monit? איפה אפשר לקחת מונית?
¿Puede llamarme un taxi, por favor? (⇨ hombre)	ha'im ata yaxol lehazmin li monit, bevakaʃa? האם אתה יכול להזמין לי מונית, בבקשה?
¿Puede llamarme un taxi, por favor? (⇨ mujer)	ha'im at yexola lehazmin li monit, bevakaʃa? האם את יכולה להזמין לי מונית, בבקשה?
Quisiera pagar la cuenta. (hombre ⇨)	ani rotse leʃalem. אני רוצה לשלם.

Quisiera pagar la cuenta. (mujer ⇨)

ani rotsa leʃalem.
אני רוצה לשלם.

Todo ha estado estupendo.

hakol haya nehedar.
הכל היה נהדר.

Restaurante

¿Puedo ver el menú, por favor?	ha'im eʃʃar lekabel tafrit, bevakaʃa? **האם אפשר לקבל תפריט, בבקשה?**
Mesa para uno.	ʃulχan leyaχid. **שולחן ליחיד.**
Somos dos (tres, cuatro).	a'naχnu 'ʃnayim (ʃloʃa, arba'a). **אנחנו שניים (שלושה, ארבעה).**

Para fumadores	me'aʃnim **מעשנים**
Para no fumadores	lo me'aʃnim **לא מעשנים**
¡Por favor! (llamar al camarero) (⇨ hombre)	slaχ li! **סלח לי!**
¡Por favor! (llamar al camarero) (⇨ mujer)	silχi li! **סלחי לי!**
la carta	tafrit **תפריט**
la carta de vinos	reʃimat yeinot **רשימת יינות**
La carta, por favor.	tafrit, bevakaʃa. **תפריט, בבקשה.**

¿Está listo para pedir? (⇨ hombre)	ha'im ata muχan lehazmin? **האם אתה מוכן להזמין?**
¿Está lista para pedir? (⇨ mujer)	ha'im at muχana lehazmin? **האם את מוכנה להזמין?**
¿Qué quieren pedir? (⇨ hombre)	ma tirtse? **מה תרצה?**
¿Qué quieren pedir? (⇨ mujer)	ma tirtsi? **מה תרצי?**
Yo quiero … (hombre ⇨)	ani rotse … **אני רוצה ...**
Yo quiero … (mujer ⇨)	ani rotsa … **אני רוצה ...**

Soy vegetariano. (hombre ⇨)	ani tsimχoni. **אני צמחוני.**
Soy vegetariana. (mujer ⇨)	ani tsimχonit. **אני צמחונית.**
carne	basar **בשר**
pescado	dagim **דגים**

verduras	yerakot
	ירקות
¿Tiene platos para vegetarianos?	ha'im yeʃ laχem manot tsimχoniyot?
	האם יש לכם מנות צמחוניות?
No como cerdo. (hombre ⇨)	ani lo oχel χazir.
	אני לא אוכל חזיר.
No como cerdo. (mujer ⇨)	ani lo o'χelet χazir.
	אני לא אוכלת חזיר.
Él no come carne.	hu lo oχel basar.
	הוא לא אוכל בשר.
Ella no come carne.	hi lo o'χelet basar.
	היא לא אוכלת בשר.
Soy alérgico a … (hombre ⇨)	ani a'lergi le …
	אני אלרגי ל ...
Soy alérgica a … (mujer ⇨)	ani a'lergit le …
	אני אלרגית ל ...

¿Me puede traer …, por favor? (⇨ hombre)	ha'im ata yaχol lehavi li, bevakaʃa, …
	האם אתה יכול להביא לי, בבקשה ...
¿Me puede traer …, por favor? (⇨ mujer)	ha'im at yeχola lehavi li, bevakaʃa, …
	האם את יכולה להביא לי, בבקשה ...
sal | pimienta | azúcar	melaχ | 'pilpel | sukar
	מלח | פלפל | סוכר
café | té | postre	kafe | te | ki'nuaχ
	קפה | תה | קינוח
agua | con gas | sin gas	mayim | mugazim | regilim
	מים | מוגזים| רגילים
una cuchara | un tenedor | un cuchillo	kaf | mazleg | sakin
	כף | מזלג | סכין
un plato | una servilleta	tsa'laχat | mapit
	צלחת | מפית

¡Buen provecho!	bete'avon!
	בתיאבון!
Uno más, por favor.	od eχad /aχat/, bevakaʃa.
	עוד אחד /אחת/, בבקשה.
Estaba delicioso.	ze haya me'od ta'im.
	זה היה מאוד טעים.

la cuenta | el cambio | la propina	χeʃbon | 'odef | tip
	חשבון | עודף | טיפ
La cuenta, por favor.	χeʃbon, bevakaʃa.
	חשבון, בבקשה.
¿Puedo pagar con tarjeta?	ha'im eʃar leʃalem bekatrtis aʃrai?
	האם אפשר לשלם בברטיס אשראי?
Perdone, aquí hay un error. (hombre ⇨)	ani mitsta'er, yeʃ kan taʕut.
	אני מצטער, יש כאן טעות.
Perdone, aquí hay un error. (mujer ⇨)	ani mitsta''eret, yeʃ kan taʕut.
	אני מצטערת, יש כאן טעות.

De Compras

¿Puedo ayudarle? (⇨ hombre)	ha'im efʃar la'azor leχa? **האם אפשר לעזור לך?**
¿Puedo ayudarle? (⇨ mujer)	ha'im efʃar la'azor laχ? **האם אפשר לעזור לך?**
¿Tiene ...?	ha'im yeʃ laχem ...? **האם יש לכם ...?**
Busco ... (hombre ⇨)	ani meχapes ... **אני מחפש ...**
Busco ... (mujer ⇨)	ani meχa'peset ... **אני מחפשת ...**
Necesito ... (hombre ⇨)	ani tsariχ ... **אני צריך ...**
Necesito ... (mujer ⇨)	ani tsriχa ... **אני צריכה ...**

Sólo estoy mirando. (hombre ⇨)	ani rak mistakel. **אני רק מסתכל.**
Sólo estoy mirando. (mujer ⇨)	ani rak mista'kelet. **אני רק מסתכלת.**
Sólo estamos mirando. (pareja, hombres ⇨)	a'naχnu rak mistaklim. **אנחנו רק מסתכלים.**
Sólo estamos mirando. (mujeres ⇨)	a'naχnu rak mistaklot. **אנחנו רק מסתכלות.**
Volveré más tarde.	ani aχazor me'uχar yoter. **אני אחזור מאוחר יותר.**
Volveremos más tarde.	a'naχnu naχazor me'uχar yoter. **אנחנו נחזור מאוחר יותר.**
descuentos | oferta	hanaχot | mivtsa **הנחות | מבצע**

Por favor, enséñeme ... (⇨ hombre)	ha'im ata yaχol lehar'ot li ... **האת אתה יכול להראות לי ...**
Por favor, enséñeme ... (⇨ mujer)	ha'im at yeχola lehar'ot li ... **האת את יכולה להראות לי ...**
¿Me puede dar ..., por favor? (⇨ hombre)	ha'im ata yaχol latet li, bevakaʃa ... **האם אתה יכול לתת לי, בבקשה ...**
¿Me puede dar ..., por favor? (⇨ mujer)	ha'im at yeχola latet li, bevakaʃa ... **האם את יכולה לתת לי, בבקשה ...**
¿Puedo probarmelo? (hombre ⇨)	ha'im ani yaχol limdod et ze? **האם אני יכול למדוד את זה?**
¿Puedo probarmelo? (mujer ⇨)	ha'im ani yeχola limdod et ze? **האם אני יכולה למדוד את זה?**
Perdone, ¿dónde están los probadores? (⇨ hombre)	slaχ li, 'eifo χadar hahalbaʃa? **סלח לי, איפה חדר ההלבשה?**

Perdone, ¿dónde están los probadores? (⇨ mujer)	silχi li, 'eifo χadar hahalbaʃa? **?סלחי לי, איפה חדר ההלבשה**
¿Qué color le gustaría? (⇨ hombre)	eize 'tseva ha'yita rotse? **?איזה צבע היית רוצה**
¿Qué color le gustaría? (⇨ mujer)	eize 'tseva hayit rotsa? **?איזה צבע היית רוצה**
la talla | el largo	mida | 'oreχ **מידה | אורך**
¿Cómo le queda? (¿Está bien?) (⇨ hombre)	ha'im ze mat'im leχa? **?האם זה מתאים לך**
¿Cómo le queda? (¿Está bien?) (⇨ mujer)	ha'im ze mat'im laχ? **?האם זה מתאים לך**

¿Cuánto cuesta esto?	kama ze ole? **?כמה זה עולה**
Es muy caro.	ze yakar midai. **זה יקר מידי.**
Me lo llevo.	ani ekaχ et ze. **אני אקח את זה.**
Perdone, ¿dónde está la caja? (hombre ⇨)	slaχ li, 'eifo meʃalmim? **?סלח לי, איפה משלמים**
Perdone, ¿dónde está la caja? (mujer ⇨)	silχi li, 'eifo 'meʃalmim? **?סלחי לי, איפה משלמים**
¿Pagará en efectivo o con tarjeta? (⇨ hombre)	ha'im ata meʃalem bimzuman o bekartis aʃrai **האם אתה משלם במזומן או בכרטיס אשראי?**
¿Pagará en efectivo o con tarjeta? (⇨ mujer)	ha'im at meʃa'lemet bimzuman o bekartis aʃrai? **האם את משלמת במזומן או בכרטיס אשראי?**
en efectivo | con tarjeta	bimzuman | bekartis aʃrai **במזומן | בכרטיס אשראי**

¿Quiere el recibo? (⇨ hombre)	ha'im ata rotse et hakabala? **?האם אתה רוצה את הקבלה**
¿Quiere el recibo? (⇨ mujer)	ha'im at rotsa et hakabala? **?האם את רוצה את הקבלה**
Sí, por favor.	ken, bevakaʃa. **כן, בבקשה.**
No, gracias.	lo, ze be'seder. **לא, זה בסדר.**
Gracias. ¡Que tenga un buen día! (⇨ hombre)	toda. ʃeyihye leχa yom na'im! **תודה. שיהיה לך יום נעים!**
Gracias. ¡Que tenga un buen día! (⇨ mujer)	toda. ʃeyihye laχ yom na'im! **תודה. שיהיה לך יום נעים!**

En la ciudad

Perdone, por favor. (⇨ hombre)	slaχ li, bevakaʃa.
	סלח לי, בבקשה.
Perdone, por favor. (⇨ mujer)	silχi li, bevakaʃa.
	סלחי לי, בבקשה.
Busco ... (hombre ⇨)	ani meχapes ...
	אני מחפש ...
Busco ... (mujer ⇨)	ani meχa'peset ...
	אני מחפשת ...
el metro	ra'kevet taχtit
	רכבת תחתית
mi hotel	et hamalon ʃeli
	את המלון שלי
el cine	et hakol'no'a
	את הקולנוע
una parada de taxis	taχanat moniyot
	תחנת מוניות

un cajero automático	kaspomat
	כספומט
una oficina de cambio	misrad mat'be'a χuts
	משרד מטבע חוץ
un cibercafé	beit kafe 'internet
	בית קפה אינטרנט
la calle ...	reχov ...
	רחוב ...
este lugar	hamakom haze
	המקום הזה

¿Sabe usted dónde está ...? (⇨ hombre)	ha'im ata yo'de'a heiχan nimtsa ...?
	האם אתה יודע היכן נמצא ...?
¿Sabe usted dónde está ...? (⇨ mujer)	ha'im at yo'da'at heiχan nimtsa ...?
	האם את יודעת היכן נמצא ...?
¿Cómo se llama esta calle?	eize reχov ze?
	איזה רחוב זה?
Muestreme dónde estamos ahora. (⇨ hombre)	har'e li heiχan 'anu nimtsa'im aχʃav.
	הראה לי היכן אנו נמצאים עכשיו.
Muestreme dónde estamos ahora. (⇨ mujer)	har'i li heiχan anu nimtsa'im aχʃav.
	הראי לי היכן אנו נמצאים עכשיו.
¿Puedo llegar a pie?	ha'im efʃar leha'gi'a leʃam ba'regel?
	האם אפשר להגיע לשם ברגל?
¿Tiene un mapa de la ciudad? (⇨ hombre)	ha'im yeʃ leχa mapa ʃel ha'ir?
	האם יש לך מפה של העיר?
¿Tiene un mapa de la ciudad? (⇨ mujer)	ha'im yeʃ laχ mapa ʃel ha'ir?
	האם יש לך מפה של העיר?

¿Cuánto cuesta la entrada?

kama ole kartis knisa?

כמה עולה כרטיס בניסה?

¿Se pueden hacer fotos aquí?

ha'im mutar letsalem kan?

האם מותר לצלם כאן?

¿Está abierto?

ha'im atem ptuχim?

האם אתם פתוחים?

¿A qué hora abren?

matai atem potχim?

מתי אתם פותחים?

¿A qué hora cierran?

matai atem sogrim?

מתי אתם סוגרים?

Dinero

dinero	kesef כסף
efectivo	mezuman מזומן
billetes	ʃtarot 'kesef שטרות כסף
monedas	kesef katan כסף קטן
la cuenta | el cambio | la propina	χeʃbon | 'odef | tip חשבון | עודף | טיפ

la tarjeta de crédito	kartis aʃrai כרטיס אשראי
la cartera	arnak ארנק
comprar	liknot לקנות
pagar	leʃalem לשלם
la multa	knas קנס
gratis	χinam חינם

¿Dónde puedo comprar …?	eifo efʃar liknot …? איפה אפשר לקנות ...?
¿Está el banco abierto ahora?	ha'im ha'bank pa'tuaχ aχʃav? האם הבנק פתוח עכשיו?
¿A qué hora abre?	matai ze nisgar? מתי זה נפתח?
¿A qué hora cierra?	matai ze niftaχ? מתי זה נסגר?

¿Cuánto cuesta?	kama? כמה?
¿Cuánto cuesta esto?	kama ze ole? כמה זה עולה?
Es muy caro.	ze yakar midai. זה יקר מידי.

Perdone, ¿dónde está la caja?	sliχa, 'eifo meʃalmim? סליחה, איפה משלמים?
La cuenta, por favor.	χeʃbon, bevakaʃa. חשבון, בבקשה.

¿Puedo pagar con tarjeta?	ha'im eʃʃar leʃalem bekatrtis aʃrai?
	?האם אפשר לשלם בכרטיס אשראי
¿Hay un cajero por aquí?	ha'im yeʃ kan kaspomat?
	?האם יש כאן כספומט
Busco un cajero automático. (hombre ⇨)	ani meχapes kaspomat.
	.אני מחפש כספומט
Busco un cajero automático. (mujer ⇨)	ani meχa'peset kaspomat.
	.אני מחפשת כספומט

Busco una oficina de cambio. (hombre ⇨)	ani meχapes misrad mat'be'a χuts.
	.אני מחפש משרד מטבע חוץ
Busco una oficina de cambio. (mujer ⇨)	ani meχa'peset misrad mat'be'a χuts.
	.אני מחפשת משרד מטבע חוץ
Quisiera cambiar … (hombre ⇨)	ani rotse lehaχlif …
	… אני רוצה להחליף
Quisiera cambiar … (mujer ⇨)	ani rotsa lehaχlif …
	… אני רוצה להחליף
¿Cuál es el tipo de cambio?	ma 'ʃa'ar haχalifin?
	?מה שער החליפין
¿Necesita mi pasaporte? (⇨ hombre)	ha'im ata tsariχ et hadarkon ʃeli?
	?האם אתה צריך את הדרכון שלי
¿Necesita mi pasaporte? (⇨ mujer)	ha'im at tsriχa et hadarkon ʃeli?
	?האם את צריכה את הדרכון שלי

Tiempo

¿Qué hora es?	ma haʃa'a? ?מה השעה
¿Cuándo?	matai? ?מתי
¿A qué hora?	be''eizo ʃa'a? ?באיזו שעה
ahora | luego | después de …	aχʃav | aχar kaχ | aχrei … עכשיו | אחר כך | אחרי ...

la una	aχat אחת
la una y cuarto	aχat va'reva אחת ורבע
la una y medio	aχat va'χetsi אחת וחצי
las dos menos cuarto	aχat arba'im veχameʃ אחת ארבעים וחמש

una | dos | tres	aχat | ʃtayim | ʃaloʃ אחת | שתיים | שלוש
cuatro | cinco | seis	arba | χameʃ | ʃeʃ ארבע | חמש | שש
siete | ocho | nueve	ʃeva | ʃmone | 'teʃa שבע | שמונה | תשע
diez | once | doce	eser | aχat esre | ʃtem esre עשר | אחת עשרה | שתים עשרה

en …	toχ … תוך ...
cinco minutos	χameʃ dakot חמש דקות
diez minutos	eser dakot עשר דקות
quince minutos	χameʃ esre dakot חמש עשרה דקות
veinte minutos	esrim dakot עשרים דקות

media hora	χatsi ʃa'a חצי שעה
una hora	ʃa'a שעה
por la mañana	ba'boker בבוקר

por la mañana temprano	mukdam ba'boker, haʃkem ba'boker
	מוקדם בבוקר, השכם בבוקר
esta mañana	ha'boker
	הבוקר
mañana por la mañana	maχar ba'boker
	מחר בבוקר

al mediodía	batsaha'rayim
	בצהריים
por la tarde	aχar hatsaha'rayim
	אחר הצהריים
por la noche	ba"erev
	בערב
esta noche	ha'laila
	הלילה

por la noche	ba'laila
	בלילה
ayer	etmol
	אתמול
hoy	hayom
	היום
mañana	maχar
	מחר
pasado mañana	maχara'tayim
	מחרתיים

¿Qué día es hoy?	eize yom hayom?
	איזה יום היום?
Es …	hayom …
	היום ...
lunes	yom ʃeni
	יום שני
martes	yom ʃliʃi
	יום שלישי
miércoles	yom revi'i
	יום רביעי

jueves	yom χamiʃi
	יום חמישי
viernes	yom ʃiʃi
	יום ששי
sábado	ʃabat
	שבת
domingo	yom riʃon
	יום ראשון

Saludos. Presentaciones.

Encantado de conocerle. (hombre ⇨ hombre)	ani sameaχ lehakir otχa. **אני שמח להכיר אותך.**
Encantado de conocerle. (hombre ⇨ mujer)	ani sameaχ lehakir otaχ. **אני שמח להכיר אותך.**
Encantada de conocerle. (mujer ⇨ hombre)	ani smeχa lifgoʃ otχa. **אני שמחה לפגוש אותך.**
Encantada de conocerle. (mujer ⇨ mulher)	ani smeχa lifgoʃ otaχ. **אני שמחה לפגוש אותך.**
Hola.	ʃalom. **שלום.**
Yo también.	gam ani. **גם אני.**
Le presento a … (hombre ⇨ hombre)	ha'yiti rotse ʃetakir et … **הייתי רוצה שתכיר את ...**
Le presento a … (hombre ⇨ mujer)	ha'yiti rotse ʃeta'kiri et … **הייתי רוצה שתכירי את ...**
Le presento a … (mujer ⇨ hombre)	ha'yiti rotsa ʃetakir et … **הייתי רוצה שתכיר את ...**
Le presento a … (mujer ⇨ mulher)	ha'yiti rotsa ʃeta'kiri et … **הייתי רוצה שתכירי את ...**
Encantado. (⇨ hombre)	na'im lifgoʃ otχa. **נעים לפגוש אותך.**
Encantada. (⇨ mujer)	na'im lifgoʃ otaχ. **נעים לפגוש אותך.**

¿Cómo está? (⇨ hombre)	ma ʃlomχa? **מה שלומך?**
¿Cómo está? (⇨ mujer)	ma ʃlomeχ? **מה שלומך?**
Me llamo …	kor'im li … **קוראים לי ...**
Se llama …	kor'im lo … **קוראים לו ...**
Se llama …	kor'im la … **קוראים לה ...**
¿Cómo se llama (usted)? (⇨ hombre)	eiχ kor'im leχa? **איך קוראים לך?**
¿Cómo se llama (usted)? (⇨ mujer)	eiχ kor'im laχ? **איך קוראים לך?**
¿Cómo se llama (él)?	eiχ kor'im lo? **איך קוראים לו?**
¿Cómo se llama (ella)?	eiχ kor'im la? **איך קוראים לה?**

¿Cuál es su apellido? (⇨ hombre)
ma ʃem hamiʃpaχa ʃelχa?
מה שם המשפחה שלך?

¿Cuál es su apellido? (⇨ mujer)
ma ʃem hamiʃpaχa ʃelaχ?
מה שם המשפחה שלך?

Puede llamarme … (⇨ hombre)
ata yaχol likro li …
אתה יכול לקרוא לי ...

Puede llamarme … (⇨ mujer)
at yeχola likro li …
את יכולה לקרוא לי ...

¿De dónde es usted? (⇨ hombre)
me"eifo ata?
מאיפה אתה?

¿De dónde es usted? (⇨ mujer)
me"eifo at?
מאיפה את?

Yo soy de ….
ani mi …
אני מ ...

¿A qué se dedica? (⇨ hombre)
bema ata oved?
במה אתה עובד?

¿A qué se dedica? (⇨ mujer)
bema at o'vedet?
במה את עובדת?

¿Quién es? (masc.)
mi ze?
מי זה?

¿Quién es? (fem.)
mi zo?
מי זו?

¿Quién es él?
mi ze?
מי זה?

¿Quién es ella?
mi zo?
מי זו?

¿Quiénes son?
mi 'ele?
מי אלה?

Este es …
ze …
זה ...

mi amigo
χaver ʃeli
חבר שלי

mi marido
ba'ali
בעלי

mi padre
avi
אבי

mi hermano
aχi
אחי

mi hijo
bni
בני

Esta es …
zo …
זו ...

mi amiga
χavera ʃeli
חברה שלי

mi mujer
iʃti
אשתי

mi madre
immi
אמי

---

mi hermana	aχoti
	אחותי
mi hija	biti
	בתי

Este es nuestro hijo.	ze haben ʃe'lanu.
	זה הבן שלנו.
Esta es nuestra hija.	zo habat ʃe'lanu.
	זו הבת שלנו.
Estos son mis hijos.	ele hayeladim ʃeli.
	אלה הילדים שלי.
Estos son nuestros hijos.	ele hayeladim ʃe'lanu.
	אלה הילדים שלנו.

Despedidas

¡Adiós!	ʃalom!
	!שלום
¡Chau!	bai!
	!ביי
Hasta mañana.	lehitra'ot maχar.
	.להתראות מחר
Hasta pronto.	lehitra'ot bekarov.
	.להתראות בקרוב
Te veo a las siete.	lehitra'ot be'ʃeva.
	.להתראות בשבע

¡Que se diviertan!	asu χayim!
	!עשו חיים
Hablamos más tarde.	lehiʃta'me'a.
	.להשתמע
Que tengas un buen fin de semana.	sof ʃa'vuʻa na'im.
	.סוף שבוע נעים
Buenas noches.	laila tov.
	.לילה טוב

Es hora de irme.	hi'giʻa zmani la'leχet.
	.הגיע זמני ללכת
Tengo que irme. (hombre ⇨)	ani χayav la'leχet.
	.אני חייב ללכת
Tengo que irme. (mujer ⇨)	ani χa'yevet la'leχet.
	.אני חייבת ללכת
Ahora vuelvo.	ani aχazor miyad.
	.אני אחזור מייד

Es tarde.	kvar me'uχar.
	.כבר מאוחר
Tengo que levantarme temprano. (hombre ⇨)	ani tsariχ lakum mukdam.
	.אני צריך לקום מוקדם
Tengo que levantarme temprano. (mujer ⇨)	ani tsriχa lakum mukdam.
	.אני צריכה לקום מוקדם
Me voy mañana. (hombre ⇨)	ani ozev maχar.
	.אני עוזב מחר
Me voy mañana. (mujer ⇨)	ani o'zevet maχar.
	.אני עוזבת מחר
Nos vamos mañana. (pareja, hombres ⇨)	a'naχnu ozvim maχar.
	.אנחנו עוזבים מחר
Nos vamos mañana. (mujeres ⇨)	a'naχnu ozvot maχar.
	.אנחנו עוזבות מחר

¡Que tenga un buen viaje!	nesiʿa tova! !נסיעה טובה
Ha sido un placer. (⇨ hombre)	haya neχmad lifgoʃ otχa. .היה נחמד לפגוש אותך
Ha sido un placer. (⇨ mujer)	haya neχmad lifgoʃ otaχ. .היה נחמד לפגוש אותך
Fue un placer hablar con usted. (⇨ hombre)	haya naʿim ledaber itχa. .היה נעים לדבר איתך
Fue un placer hablar con usted. (⇨ mujer)	haya naʿim ledaber itaχ. .היה נעים לדבר איתך
Gracias por todo.	toda al hakol. .תודה על הכל

Lo he pasado muy bien.	nehe'neti me'od. .נהניתי מאוד
Lo pasamos muy bien.	nehe'nenu me'od. .נהנינו מאוד
Fue genial.	ze haya mamaʃ nehedar. .זה היה ממש נהדר
Le voy a echar de menos. (⇨ hombre)	ani etgaʿa'geʿa e'leχa. .אני אתגעגע אליך
Le voy a echar de menos. (⇨ mujer)	ani etgaʿa'geʿa e'layiχ. .אני אתגעגע אלייך
Le vamos a echar de menos. (⇨ hombre)	a'naχnu nitgaʿa'geʿa e'leχa. .אנחנו נתגעגע אליך
Le vamos a echar de menos. (⇨ mujer)	a'naχnu nitgaʿa'geʿa e'layiχ. .אנחנו נתגעגע אלייך

¡Suerte!	behatslaχa! !בהצלחה
Saludos a … (⇨ hombre)	msor daʃ le … ... מסור ד"ש ל
Saludos a … (⇨ mujer)	misri daʃ le … ... מסרי ד"ש ל

Idioma extranjero

No entiendo. (hombre ⇨)	ani lo mevin. אני לא מבין.
No entiendo. (mujer ⇨)	ani lo mevina. אני לא מבינה.
Escríbalo, por favor. (⇨ hombre)	ktov li et ze, bevakaʃa. כתוב לי את זה, בבקשה.
Escríbalo, por favor. (⇨ mujer)	kitvi li et ze, bevakaʃa. כתבי לי את זה, בבקשה.
¿Habla usted ...? (⇨ hombre)	ha'im ata medaber ...? האם אתה מדבר ...?
¿Habla usted ...? (⇨ mujer)	ha'im at meda'beret ...? האם את מדברת ...?

Hablo un poco de ... (hombre ⇨)	ani medaber ktsat ... אני מדבר קצת ...
Hablo un poco de ... (mujer ⇨)	ani meda'beret ktsat ... אני מדברת קצת ...
inglés	anglit אנגלית
turco	turkit טורקית
árabe	aravit ערבית
francés	tsarfatit צרפתית

alemán	germanit גרמנית
italiano	italkit איטלקית
español	sfaradit ספרדית
portugués	portu'gezit פורטוגזית
chino	sinit סינית
japonés	ya'panit יפנית

¿Puede repetirlo, por favor? (⇨ hombre)	ha'im ata yaχol laχazor al ze, bevakaʃa? האם אתה יכול לחזור על זה, בבקשה?
¿Puede repetirlo, por favor? (⇨ mujer)	ha'im at yeχola laχazor al ze, bevakaʃa? האם את יכולה לחזור על זה, בבקשה?

Lo entiendo. (hombre ⇨)

ani mevin.
אני מבין.

Lo entiendo. (mujer ⇨)

ani mevina.
אני מבינה.

No entiendo. (hombre ⇨)

ani lo mevin.
אני לא מבין.

No entiendo. (mujer ⇨)

ani lo mevina.
אני לא מבינה.

Hable más despacio, por favor. (⇨ hombre)

ana daber yoter le'at.
אנא דבר יותר לאט.

Hable más despacio, por favor. (⇨ mujer)

ana dabri yoter le'at.
אנא דברי יותר לאט.

¿Está bien?

ha'im ze naxon?
האם זה נכון?

¿Qué es esto? (¿Que significa esto?)

ma ze?
מה זה?

Disculpas

Perdone, por favor. (⇨ hombre)	slaχ li, bevakaʃa. **סלח לי, בבקשה.**
Perdone, por favor, (⇨ mujer)	silχi li, bevakaʃa. **סלחי לי, בבקשה.**
Lo siento. (hombre ⇨)	ani mitsta'er. **אני מצטער.**
Lo siento. (mujer ⇨)	ani mitsta"eret. **אני מצטערת.**
Lo siento mucho. (hombre ⇨)	ani mamaʃ mitsta'er. **אני ממש מצטער.**
Lo siento mucho. (mujer ⇨)	ani mamaʃ mitsta"eret. **אני ממש מצטערת.**
Perdón, fue culpa mía.	sliχa, zo aʃmati. **סליחה, זו אשמתי.**
Culpa mía.	ta'ut ʃeli. **טעות שלי.**

¿Puedo ...? (hombre ⇨)	ha'im ani yaχol ...? **האם אני יכול ...?**
¿Puedo ...? (mujer ⇨)	ha'im ani yeχola ...? **האם אני יכולה ...?**
¿Le molesta si ...? (⇨ hombre)	ha'im iχpat leχa im ani ...? **האם איכפת לך אם אני ...?**
¿Le molesta si ...? (⇨ mujer)	ha'im iχpat laχ im ani ...? **האם איכפת לך אם אני ...?**
¡No hay problema! (No pasa nada.)	ze be'seder. **זה בסדר.**
Todo está bien.	ze be'seder. **זה בסדר.**
No se preocupe. (⇨ hombre)	al taχʃov al ze. **אל תחשוב על זה.**
No se preocupe. (⇨ mujer)	al taχʃevi al ze. **אל תחשבי על זה.**

Acuerdos

Sí.	ken.
	כן.
Sí, claro.	ken, bevadai.
	כן, בוודאי.
Bien.	tov!
	טוב!
Muy bien.	be'seder gamur.
	בסדר גמור.
¡Claro que sí!	bevadai!
	בוודאי!
Estoy de acuerdo. (hombre ⇨)	ani maskim.
	אני מסכים.
Estoy de acuerdo. (mujer ⇨)	ani maskima.
	אני מסכימה.

Es verdad.	ze naχon.
	זה נכון.
Es correcto.	ze naχon.
	זה נכון.
Tiene razón. (⇨ hombre)	ata tsodek.
	אתה צודק.
Tiene razón. (⇨ mujer)	at tso'deket.
	את צודקת.
No me molesta.	lo meʃane li.
	לא משנה לי.
Es completamente cierto.	naχon me'od.
	נכון מאוד.

Es posible.	yitaχen, ze efʃari.
	ייתכן, זה אפשרי.
Es una buena idea.	ze ra'ayon tov.
	זה רעיון טוב.
No puedo decir que no. (hombre ⇨)	ani lo yaχol lesarev.
	אני לא יכול לסרב.
No puedo decir que no. (mujer ⇨)	ani lo yeχola lesarev.
	אני לא יכולה לסרב.
Estaré encantado /encantada/.	esmaχ la'asot et ze.
	אשמח לעשות את זה.
Será un placer.	bekef.
	בכיף.

Rechazo. Expresar duda

No.	lo.
	לא.
Claro que no.	ba'tuaχ ʃelo.
	בטוח שלא.
No estoy de acuerdo. (hombre ⇨)	ani lo maskim.
	אני לא מסכים.
No estoy de acuerdo. (mujer ⇨)	ani lo maskima.
	אני לא מסכימה.
No lo creo. (hombre ⇨)	ani lo χoʃev kaχ.
	אני לא חושב כך.
No lo creo. (mujer ⇨)	ani lo χoʃevet kaχ.
	אני לא חושבת כך.
No es verdad.	ze lo naχon.
	זה לא נכון.

No tiene razón. (⇨ hombre)	ata toʻe.
	אתה טועה.
No tiene razón. (⇨ mujer)	at toʻa.
	את טועה.
Creo que no tiene razón. (hombre ⇨ hombre)	ani χoʃev ʃe'ata toʻe.
	אני חושב שאתה טועה.
Creo que no tiene razón. (hombre ⇨ mujer)	ani χoʃev ʃe'at toʻa.
	אני חושב שאת טועה.
Creo que no tiene razón. (mujer ⇨ hombre)	ani χo'ʃevet ʃe'ata toʻe.
	אני חושבת שאתה טועה.
Creo que no tiene razón. (mujer ⇨ mulher)	ani χo'ʃevet ʃe'at toʻa.
	אני חושבת שאת טועה.
No estoy seguro. (hombre ⇨)	ani lo ba'tuaχ.
	אני לא בטוח.
No estoy segura. (mujer ⇨)	ani lo betuχa.
	אני לא בטוחה.
No es posible.	ze 'bilti efʃari.
	זה בלתי אפשרי.
¡Nada de eso!	beʃum panim va"ofen lo!
	בשום פנים ואופן לא!

Justo lo contrario.	bediyuk ha'hefeχ.
	בדיוק ההיפך.
Estoy en contra de ello. (hombre ⇨)	ani mitnaged leze.
	אני מתנגד לזה.
Estoy en contra de ello. (mujer ⇨)	ani mitna'gedet leze.
	אני מתנגדת לזה.
No me importa. (Me da igual.)	lo iχpat li.
	לא איכפת לי.

No tengo ni idea.

ein li musag.
אין לי מושג.

Dudo que sea así. (hombre ⇨)

ani lo ba'tuaχ.
אני לא בטוח.

Dudo que sea así. (mujer ⇨)

ani lo betuχa.
אני לא בטוחה.

Lo siento, no puedo. (hombre ⇨)

mitsta'er, ani lo yaχol.
מצטער, אני לא יכול.

Lo siento, no puedo. (mujer ⇨)

mitsta''eret, ani lo yeχola.
מצטערת, אני לא יכולה.

Lo siento, no quiero. (hombre ⇨)

mitsta'er, ani lo me'unyan.
מצטער, אני לא מעוניין.

Lo siento, no quiero. (mujer ⇨)

mitsta''eret, ani lo me'un'yenet.
מצטערת, אני לא מעוניינת.

Gracias, pero no lo necesito. (hombre ⇨)

toda, aval ani lo tsariχ et ze.
תודה, אבל אני לא צריך את זה.

Gracias, pero no lo necesito. (mujer ⇨)

toda, aval ani lo tsriχa et ze.
תודה, אבל אני לא צריכה את זה.

Ya es tarde.

matχil lihyot me'uχar.
מתחיל להיות מאוחר.

Tengo que levantarme temprano. (hombre ⇨)

ani tsariχ lakum mukdam.
אני צריך לקום מוקדם.

Tengo que levantarme temprano. (mujer ⇨)

ani tsriχa lakum mukdam.
אני צריכה לקום מוקדם.

Me encuentro mal. (hombre ⇨)

ani lo margiʃ tov.
אני לא מרגיש טוב.

Me encuentro mal. (mujer ⇨)

ani lo margiʃa tov.
אני לא מרגישה טוב.

Expresar gratitud

Gracias.	toda. **תודה.**
Muchas gracias.	toda raba. **תודה רבה.**
De verdad lo aprecio. (hombre ⇨)	ani be'emet ma'ariχ et ze. **אני באמת מעריך את זה.**
De verdad lo aprecio. (mujer ⇨)	ani be'emet ma'ariχa et ze. **אני באמת מעריכה את זה.**
Se lo agradezco. (hombre ⇨ hombre)	ani mamaʃ asir toda leχa. **אני ממש אסיר תודה לך.**
Se lo agradezco. (hombre ⇨ mujer)	ani mamaʃ asir toda laχ. **אני ממש אסיר תודה לך.**
Se lo agradezco. (mujer ⇨ hombre)	ani mamaʃ asirat toda leχa. **אני ממש אסירת תודה לך.**
Se lo agradezco. (mujer ⇨ mulher)	ani mamaʃ asirat toda laχ. **אני ממש אסירת תודה לך.**
Gracias por su tiempo. (⇨ hombre)	toda al hazman ʃehik'daʃta. **תודה על הזמן שהקדשת.**
Gracias por su tiempo. (⇨ mujer)	toda al hazman ʃehikdaʃt. **תודה על הזמן שהקדשת.**
Gracias por todo.	toda al hakol. **תודה על הכל.**
Gracias por …	toda al … **תודה על ...**
su ayuda (⇨ hombre)	ezratχa **עזרתך**
su ayuda (⇨ mujer)	ezrateχ **עזרתך**
tan agradable momento	haχavaya hamehana **החוויה המהנה**
una comida estupenda	aruχa nehe'deret **ארוחה נהדרת**
una velada tan agradable	erev na'im **ערב נעים**
un día maravilloso	yom nifla **יום נפלא**
un viaje increíble	tiyul madhim **טיול מדהים**
No hay de qué.	ein be'ad ma. **אין בעד מה.**
De nada.	bevakaʃa. **בבקשה.**

Siempre a su disposición.

ein be'ad ma.
אין בעד מה.

Encantado /Encantada/ de ayudarle.

ha''oneg kulo ʃeli.
העונג כולו שלי.

No hay de qué.

lo meʃane.
לא משנה.

No tiene importancia. (⇨ hombre)

al tid'ag.
אל תדאג.

No tiene importancia. (⇨ mujer)

al tid'agi.
אל תדאגי.

Felicitaciones , Mejores Deseos

¡Felicidades!
birχotai!
ברכותיי!

¡Feliz Cumpleaños!
mazal tov leyom hahu'ledet!
מזל טוב ליום ההולדת!

¡Feliz Navidad!
χag molad sa'meaχ!
חג מולד שמח!

¡Feliz Año Nuevo!
ʃana tova!
שנה טובה!

¡Felices Pascuas!
χag pasχa sa'meaχ!
חג פסחא שמח!

¡Feliz Hanukkah!
χag 'χanuka sa'meaχ!
חג חנוכה שמח!

Quiero brindar. (hombre ⇨)
ani roʦe leharim kosit.
אני רוצה להרים כוסית.

Quiero brindar. (mujer ⇨)
ani roʦa leharim kosit.
אני רוצה להרים כוסית.

¡Salud!
le'χayim!
לחיים!

¡Brindemos por ...!
bo'u niʃte le ...!
בואו נשתה ל...!

¡A nuestro éxito!
lehaʦlaχa'tenu!
להצלחתנו!

¡A su éxito! (⇨ hombre)
lehaʦlaχatχa!
להצלחתך!

¡A su éxito! (⇨ mujer)
lehaʦlaχateχ!
להצלחתך!

¡Suerte!
behaʦlaχa!
בהצלחה!

¡Que tenga un buen día! (⇨ hombre)
ʃeyihye leχa yom na'im!
שיהיה לך יום נעים!

¡Que tenga un buen día! (⇨ mujer)
ʃeyihye laχ yom na'im!
שיהיה לך יום נעים!

¡Que tenga unas buenas vacaciones!
χufʃa ne'ima!
חופשה נעימה!

¡Que tenga un buen viaje!
nesi'a tova!
נסיעה טובה!

¡Espero que se recupere pronto! (hombre ⇨ hombre)
ani mekave ʃetaχlim maher!
אני מקווה שתחלים מהר!

¡Espero que se recupere pronto! (hombre ⇨ mujer)
ani mekave ʃetaχ'limi maher!
אני מקווה שתחלימי מהר!

¡Espero que se recupere pronto! (mujer ⇒ hombre)   ani mekava ʃetaχlim maher!
אני מקווה שתחלים מהר!

¡Espero que se recupere pronto! (mujer ⇒ mulher)   ani mekava ʃetaχ'limi maher!
אני מקווה שתחלימי מהר!

Socializarse

¿Por qué está triste? (⇨ hombre)	lama ata atsuv? **?למה אתה עצוב**
¿Por qué está triste? (⇨ mujer)	lama at atsuva? **?למה את עצובה**
¡Sonría! ¡Anímese! (⇨ hombre)	χayeχ ktsat! **!חייך קצת**
¡Sonría! ¡Anímese! (⇨ mujer)	χaiχi ktsat! **!חייכי קצת**
¿Está libre esta noche? (⇨ hombre)	ha'im ata panui ha''erev? **?האם אתה פנוי הערב**
¿Está libre esta noche? (⇨ mujer)	ha'im at pnuya ha''erev? **?האם את פנויה הערב**

¿Puedo ofrecerle algo de beber?	ha'im efʃar leha'tsi'a laχ maʃke? **?האם אפשר להציע לך משקה**
¿Querría bailar conmigo? (⇨ hombre)	ha'im ata rotse lirkod? **?האם אתה רוצה לרקוד**
¿Querría bailar conmigo? (⇨ mujer)	ha'im at rotsa lirkod? **?האם את רוצה לרקוד**
Vamos a ir al cine. (⇨ hombre)	bo neleχ le'seret. **בוא נלך לסרט.**
Vamos a ir al cine. (⇨ mujer)	bo'i neleχ le'seret. **בואי נלך לסרט.**

¿Puedo invitarle a …?	ha'im efʃar lehazmin otaχ le …? **האם אפשר להזמין אותך ל ?...**
un restaurante	mis'ada **מסעדה**
el cine	seret **סרט**
el teatro	te'atron **תיאטרון**
dar una vuelta	letiyul ba'regel **לטיול ברגל**

¿A qué hora?	be''eizo ʃa'a? **?באיזו שעה**
esta noche	ha'laila **הלילה**
a las seis	beʃeʃ **בשש**
a las siete	be'ʃeva **בשבע**

a las ocho	biʃmone
	בשמונה
a las nueve	beteʃa
	בתשע

¿Le gusta este lugar? (⇨ hombre)	ha'im hamakom motse xen be'ei'neχa?
	האם המקום מוצא חן בעיניך?
¿Le gusta este lugar? (⇨ mujer)	ha'im hamakom motse xen be'ei'nayiχ?
	האם המקום מוצא חן בעינייך?
¿Está aquí con alguien? (⇨ hombre)	ha'im ata nimtsa kan im 'miʃehu?
	האם אתה נמצא כאן עם מישהו?
¿Está aquí con alguien? (⇨ mujer)	ha'im at nimtset kan im 'miʃehu?
	האם את נמצאת כאן עם מישהו?
Estoy con mi amigo /amiga/.	ani kan im χaver /χavera/.
	אני כאן עם חבר /חברה/.
Estoy con amigos.	ani kan im χaverim.
	אני כאן עם חברים.
No, estoy solo /sola/.	lo, ani levad.
	לא, אני לבד.
¿Tienes novio?	ha'im yeʃ laχ χaver?
	האם יש לך חבר?
Tengo novio.	yeʃ li χaver.
	יש לי חבר.
¿Tienes novia?	ha'im yeʃ leχa χavera?
	האם יש לך חברה?
Tengo novia.	yeʃ li χavera.
	יש לי חברה.

¿Te puedo volver a ver? (⇨ hombre)	ha'im tirtse lehipageʃ ʃuv?
	האם תרצה להיפגש שוב?
¿Te puedo volver a ver? (⇨ mujer)	ha'im tirtsi lehipageʃ ʃuv?
	האם תרצי להיפגש שוב?
¿Te puedo llamar? (hombre ⇨ hombre)	ha'im ani yaχol lehitkaʃer e'leχa?
	האם אני יכול להתקשר אליך?
¿Te puedo llamar? (hombre ⇨ mujer)	ha'im ani yaχol lehitkaʃer e'layiχ?
	האם אני יכול להתקשר אלייך?
¿Te puedo llamar? (mujer ⇨ hombre)	ha'im ani yeχola lehitkaʃer e'leχa?
	האם אני יכולה להתקשר אליך?
¿Te puedo llamar? (mujer ⇨ mulher)	ha'im ani yeχola lehitkaʃer e'layiχ?
	האם אני יכולה להתקשר אלייך?
Llámame. (⇨ hombre)	hitkaʃer elai.
	התקשר אליי.
Llámame. (⇨ mujer)	hitkaʃri elai.
	התקשרי אליי.
¿Cuál es tu número? (⇨ hombre)	ma hamispar ʃelχa?
	מה המספר שלך?
¿Cuál es tu número? (⇨ mujer)	ma hamispar ʃelaχ?
	מה המספר שלך?
Te echo de menos. (hombre ⇨ hombre)	ani mitga'a"ge'a e'leχa.
	אני מתגעגע אליך.
Te echo de menos. (hombre ⇨ mujer)	ani mitga'a"ge'a e'layiχ.
	אני מתגעגע אלייך.

Te echo de menos. (mujer ⇨ hombre)	ani mitgaʻaʻʻgaʻat eʻleχa.
	אני מתגעגעת אליך.
Te echo de menos. (mujer ⇨ mulher)	ani mitgaʻaʻʻgaʻat eʻlayiχ.
	אני מתגעגעת אלייך.
¡Qué nombre tan bonito! (hombre ⇨ hombre)	yeʃ leχa ʃem maksim.
	יש לך שם מקסים.
¡Qué nombre tan bonito! (hombre ⇨ mujer)	yeʃ laχ ʃem maksim.
	יש לך שם מקסים.
Te quiero.	ani ohev otaχ.
	אני אוהב אותך.
¿Te casarías conmigo?	haʼim titχatni iti?
	האם תתחתני איתי?
¡Está de broma!	at ʦoʼχeket alai!
	את צוחקת עליי!
Sólo estoy bromeando. (hombre ⇨)	ani stam mitbaʻdeaχ.
	אני סתם מתבדח.
Sólo estoy bromeando. (mujer ⇨)	ani stam mitbaʻdaχat.
	אני סתם מתבדחת

¿En serio? (⇨ hombre)	haʼim ata reʦini?
	האם אתה רציני?
¿En serio? (⇨ mujer)	haʼim at reʦinit?
	האם את רצינית?
Lo digo en serio. (hombre ⇨)	ani reʦini.
	אני רציני.
Lo digo en serio. (mujer ⇨)	ani reʦinit.
	אני רצינית.
¿De verdad?	beʼemet?!
	באמת?!
¡Es increíble!	ze lo yeʼuman!
	זה לא יאומן!
No le creo. (hombre ⇨ hombre)	ani lo maʼamin leχa.
	אני לא מאמין לך.
No le creo. (hombre ⇨ mujer)	ani lo maʼamin laχ.
	אני לא מאמין לך.
No le creo. (mujer ⇨ hombre)	ani lo maʼamina leχa.
	אני לא מאמינה לך.
No le creo. (mujer ⇨ mulher)	ani lo maʼamina laχ.
	אני לא מאמינה לך.

No puedo. (hombre ⇨)	ani lo yaχol.
	אני לא יכול.
No puedo. (mujer ⇨)	ani lo yeχola.
	אני לא יכולה.
No lo sé. (hombre ⇨)	ani lo yoʼdeʻa.
	אני לא יודע.
No lo sé. (mujer ⇨)	ani lo yoʼdaʻat.
	אני לא יודעת.
No le entiendo. (hombre ⇨ hombre)	ani lo mevin otχa.
	אני לא מבין אותך.
No le entiendo. (hombre ⇨ mujer)	ani lo mevin otaχ
	אני לא מבין אותך.

No le entiendo. (mujer ⇨ hombre)
ani lo mevina otχa.
אני לא מבינה אותך.

No le entiendo. (mujer ⇨ mulher)
ani lo mevina otaχ.
אני לא מבינה אותך.

Váyase, por favor. (⇨ hombre)
leχ mipo bevakaʃa.
לך מפה בבקשה.

Váyase, por favor. (⇨ mujer)
leχi mipo bevakaʃa.
לכי מפה בבקשה.

¡Déjeme en paz! (⇨ hombre)
azov oti!
עזוב אותי!

¡Déjeme en paz! (⇨ mujer)
izvi oti!
עזבי אותי!

Es inaguantable. (hombre ⇨)
ani lo sovel oto.
אני לא סובל אותו.

Es inaguantable. (mujer ⇨)
ani lo so'velet oto.
אני לא סובלת אותו.

¡Es un asqueroso! (⇨ hombre)
ata mag'il!
אתה מגעיל!

¡Es un asqueroso! (⇨ mujer)
at mag'ila!
את מגעילה!

¡Llamaré a la policía!
ani azmin miʃtara!
אני אזמין משטרה!

Compartir impresiones. Emociones

Me gusta.	ze motse χen be'einai. זה מוצא חן בעיניי.
Muy lindo.	neχmad me'od. נחמד מאוד.
¡Es genial!	ze nehedar! זה נהדר!
No está mal.	ze lo ra. זה לא רע.

No me gusta.	ze lo motse χen be'einai. זה לא מוצא חן בעיניי.
No está bien.	ze lo yafe. זה לא יפה.
Está mal.	ze ra. זה רע.
Está muy mal.	ze ra me'od. זה רע מאוד.
¡Qué asco!	ze mag'il. זה מגעיל.

Estoy feliz. (hombre ⇨)	ani me'uʃar. אני מאושר.
Estoy feliz. (mujer ⇨)	ani me'uʃeret. אני מאושרת.
Estoy contento. (hombre ⇨)	ani merutse. אני מרוצה.
Estoy contenta. (mujer ⇨)	ani merutsa. אני מרוצה.
Estoy enamorado. (hombre ⇨)	ani me'ohav. אני מאוהב.
Estoy enamorada. (mujer ⇨)	ani me'o'hevet. אני מאוהבת.
Estoy tranquilo. (hombre ⇨)	ani ra'gu'a. אני רגוע.
Estoy tranquila. (mujer ⇨)	ani regu'a. אני רגועה.
Estoy aburrido. (hombre ⇨)	ani meʃu'amam. אני משועמם.
Estoy aburrida. (mujer ⇨)	ani meʃu'a'memet. אני משועממת.
Estoy cansado. (hombre ⇨)	ani ayef. אני עייף.
Estoy cansada. (mujer ⇨)	ani ayefa. אני עייפה.

Estoy triste. (hombre ⇨)

ani atsuv.
אני עצוב.

Estoy triste. (mujer ⇨)

ani atsuva.
אני עצובה.

Estoy asustado. (hombre ⇨)

ani poχed.
אני פוחד.

Estoy asustada. (mujer ⇨)

ani po'χedet.
אני פוחדת.

Estoy enfadado. (hombre ⇨)

ani ko'es.
אני כועס.

Estoy enfadada. (mujer ⇨)

ani ko''eset.
אני כועסת.

Estoy preocupado. (hombre ⇨)

ani mud'ag.
אני מודאג.

Estoy preocupada. (mujer ⇨)

ani mud''eget.
אני מודאגת.

Estoy nervioso. (hombre ⇨)

ani atsbani.
אני עצבני.

Estoy nerviosa. (mujer ⇨)

ani atsbanit.
אני עצבנית.

Estoy celoso. (hombre ⇨)

ani mekane.
אני מקנא.

Estoy celosa. (mujer ⇨)

ani mekanet.
אני מקנאת.

Estoy sorprendido. (hombre ⇨)

ani mufta.
אני מופתע.

Estoy sorprendida. (mujer ⇨)

ani muf'ta'at.
אני מופתעת.

Estoy perplejo. (hombre ⇨)

ani mevulbal.
אני מבולבל.

Estoy perpleja. (mujer ⇨)

ani mevul'belet.
אני מבולבלת.

Problemas, Accidentes

Tengo un problema.	yeʃ li be'aya. יש לי בעייה.
Tenemos un problema.	yeʃ 'lanu be'aya. יש לנו בעייה.
Estoy perdido /perdida/.	ha'laχti le'ibud. הלכתי לאיבוד.
Perdi el último autobús.	fis'fasti et ha''otobus ha'aχaron. פספסתי את האוטובוס האחרון.
Perdi el último tren.	fis'fasti et hara'kevet ha'aχrona. פספסתי את הרכבת האחרונה.
No me queda más dinero.	niʃ''arti bli 'kesef. נשארתי בלי כסף.

He perdido …	i'badti et ha … ʃeli איבדתי את ה ... שלי
Me han robado …	miʃehu ganav et ha … ʃeli מישהו גנב את ה ... שלי
mi pasaporte	darkon דרכון
mi cartera	arnak ארנק
mis papeles	te'udot תעודות
mi billete	kartis כרטיס

mi dinero	kesef כסף
mi bolso	tik yad תיק יד
mi cámara	matslema מצלמה
mi portátil	maxʃev nayad מחשב נייד
mi tableta	maxʃev ʃulχani מחשב שולחני
mi teléfono	telefon nayad טלפון נייד

¡Ayúdeme!	izru li! עזרו לי!
¿Qué pasó?	ma kara? מה קרה?

el incendio	srefa שריפה
un tiroteo	yeriyot יריות
el asesinato	retsaχ רצח
una explosión	pitsuts פיצוץ
una pelea	ktata קטטה

¡Llame a la policía!	haz'minu miʃtara הזמינו משטרה!
¡Más rápido, por favor!	ana maharu! אנא מהרו!
Busco la comisaría. (hombre ⇨)	ani meχapes et taχanat hamiʃtara. אני מחפש את תחנת המשטרה.
Busco la comisaría. (mujer ⇨)	ani meχa'peset et taχanat hamiʃtara. אני מחפשת את תחנת המשטרה.
Tengo que hacer una llamada. (hombre ⇨)	ani tsariχ lehitkaʃer. אני צריך להתקשר.
Tengo que hacer una llamada. (mujer ⇨)	ani tsriχa lehitkaʃer. אני צריכה להתקשר.
¿Puedo usar su teléfono? (⇨ hombre)	ha'im eʃʃar lehiʃtameʃ be'telefon ʃelχa? האם אפשר להשתמש בטלפון שלך?
¿Puedo usar su teléfono? (⇨ mujer)	ha'im eʃʃar lehiʃtameʃ be'telefon ʃelaχ? האם אפשר להשתמש בטלפון שלך?

Me han …	ani … אני ...
asaltado /asaltada/	hut'kafti הותקפתי
robado /robada/	niʃ'dadti נשדדתי
violada	ne'e'nasti נאנסתי
atacado /atacada/	hu'keti הוכיתי

¿Se encuentra bien? (⇨ hombre)	ha'im ata be'seder? האם אתה בסדר?
¿Se encuentra bien? (⇨ mujer)	ha'im at be'seder? האם את בסדר?
¿Ha visto quien a sido? (⇨ hombre)	ha'im ra''ita mi asa et ze? האם ראית מי עשה את זה?
¿Ha visto quien a sido? (⇨ mujer)	ha'im ra'it mi asa et ze? האם ראית מי עשה את זה?
¿Sería capaz de reconocer a la persona? (⇨ hombre)	ha'im tuχal lezahot et oto adam? האם תובל לזהות את אותו אדם?
¿Sería capaz de reconocer a la persona? (⇨ mujer)	ha'im tuχli lezahot et oto adam? האם תוכלי לזהות את אותו אדם?

¿Está usted seguro? (⇨ hombre)

ha'im ata ba'tuaχ?
האם אתה בטוח?

¿Está usted seguro? (⇨ mujer)

ha'im at betuχa?
האם את בטוחה?

Por favor, cálmese. (⇨ hombre)

heraga, bevakaʃa.
הירגע בבקשה.

Por favor, cálmese. (⇨ mujer)

herag'i, bevakaʃa.
הירגעי בבקשה.

¡Cálmese! (⇨ hombre)

teraga!
תירגע!

¡Cálmese! (⇨ mujer)

terag'i!
תירגעי!

¡No se preocupe! (⇨ hombre)

al tid'ag!
אל תדאג!

¡No se preocupe! (⇨ mujer)

al tid'agi!
אל תדאגי!

Todo irá bien.

hakol yihye be'seder.
הכל יהיה בסדר.

Todo está bien.

hakol be'seder.
הכל בסדר.

Venga aquí, por favor. (⇨ hombre)

bo 'hena, bevakaʃa.
בוא הנה, בבקשה.

Venga aquí, por favor. (⇨ mujer)

bo'i 'hena, bevakaʃa.
בואי הנה, בבקשה.

Tengo unas preguntas para usted. (⇨ hombre)

yeʃ li 'kama ʃe'elot e'leχa.
יש לי כמה שאלות אליך.

Tengo unas preguntas para usted. (⇨ mujer)

yeʃ li 'kama ʃe'elot e'layiχ.
יש לי כמה שאלות אלייך.

Espere un momento, por favor. (⇨ hombre)

χake 'rega, bevakaʃa.
חכה רגע, בבקשה.

Espere un momento, por favor. (⇨ mujer)

χaki 'rega, bevakaʃa.
חכי רגע, בבקשה.

¿Tiene un documento de identidad? (⇨ hombre)

ha'im yeʃ leχa te'uda mezaha?
האם יש לך תעודה מזהה?

¿Tiene un documento de identidad? (⇨ mujer)

ha'im yeʃ laχ te'uda mezaha?
האם יש לך תעודה מזהה?

Gracias. Puede irse ahora. (⇨ hombre)

toda. ata yaχol la'leχet aχʃav.
תודה. אתה יכול ללכת עכשיו.

Gracias. Puede irse ahora. (⇨ mujer)

toda. at yeχola la'leχet aχʃav.
תודה. את יכולה ללכת עכשיו.

¡Manos detrás de la cabeza!

ya'dayim aχarei haroʃ!
ידיים אחרי הראש!

¡Está arrestado! (⇨ hombre)

ata atsur!
אתה עצור!

¡Está arrestada! (⇨ mujer)

at atsura!
את עצורה!

Problemas de salud

Ayudeme, por favor. (⇨ hombre)	azor li bevakaʃa. **עזור לי בבקשה.**
Ayudeme, por favor. (⇨ mujer)	izri li bevakaʃa. **עזרי לי בבקשה.**
No me encuentro bien. (hombre ⇨)	ani lo margiʃ tov. **אני לא מרגיש טוב.**
No me encuentro bien. (mujer ⇨)	ani lo margiʃa tov. **אני לא מרגישה טוב.**
Mi marido no se encuentra bien.	ba'ali lo margiʃ tov. **בעלי לא מרגיש טוב.**
Mi hijo …	haben ʃeli … **הבן שלי ...**
Mi padre …	avi … **אבי ...**

Mi mujer no se encuentra bien.	iʃti lo margiʃa tov. **אשתי לא מרגישה טוב.**
Mi hija …	habat ʃeli … **הבת שלי ...**
Mi madre …	immi … **אמי ...**

Me duele …	yeʃ li … **יש לי ...**
la cabeza	ke'ev roʃ **כאב ראש**
la garganta	ke'ev garon **כאב גרון**
el estómago	ke'ev 'beten **כאב בטן**
un diente	ke'ev ʃi'nayim **כאב שיניים**

Estoy mareado.	yeʃ li sχar'χoret. **יש לי סחרחורת.**
Él tiene fiebre.	yeʃ lo χom. **יש לו חום.**
Ella tiene fiebre.	yeʃ la χom. **יש לה חום.**
No puedo respirar. (hombre ⇨)	ani lo yaχol linʃom. **אני לא יכול לנשום.**
No puedo respirar. (mujer ⇨)	ani lo yeχola linʃom. **אני לא יכולה לנשום.**

Me ahogo.	yeʃ li 'kotʃer neʃima.
	יש לי קוצר נשימה.
Tengo asma. (hombre ⇨)	ani ast'mati.
	אני אסתמתי.
Tengo asma. (mujer ⇨)	ani ast'matit.
	אני אסתמתית.
Tengo diabetes.	yeʃ li su'keret.
	יש לי סוכרת.
No puedo dormir. (hombre ⇨)	ani lo yaχol liʃon.
	אני לא יכול לישון.
No puedo dormir. (mujer ⇨)	ani lo yeχola liʃon.
	אני לא יכולה לישון.
intoxicación alimentaria	har'alat mazon
	הרעלת מזון

Me duele aquí.	ko'ev li kan.
	כואב לי כאן.
¡Ayúdeme!	izru li!
	עזרו לי!
¡Estoy aquí!	ani po!
	אני פה!
¡Estamos aquí!	a'naχnu kan!
	אנחנו כאן!
¡Saquenme de aquí!	hotʃ'i'u oti mikan!
	הוציאו אותי מכאן!
Necesito un médico. (hombre ⇨)	ani tsariχ rofe.
	אני צריך רופא.
Necesito un médico. (mujer ⇨)	ani tsriχa rofe.
	אני צריכה רופא.
No me puedo mover. (hombre ⇨)	ani lo yaχol lazuz.
	אני לא יכול לזוז.
No me puedo mover. (mujer ⇨)	ani lo yeχola lazuz.
	אני לא יכולה לזוז.
No puedo mover mis piernas. (hombre ⇨)	ani lo yaχol lehaziz et harag'layim.
	אני לא יכול להזיז את הרגליים.
No puedo mover mis piernas. (mujer ⇨)	ani lo yeχola lehaziz et harag'layim.
	אני לא יכולה להזיז את הרגליים.

Tengo una herida.	yeʃ li 'petsa.
	יש לי פצע.
¿Es grave?	ha'im ze retsini?
	האם זה רציני?
Mis documentos están en mi bolsillo.	hate'udot ʃeli bakis.
	התעודות שלי בכיס.
¡Cálmese! (⇨ hombre)	heraga!
	הירגע!
¡Cálmese! (⇨ mujer)	herag'i!
	הירגעי!
¿Puedo usar su teléfono? (hombre ⇨ hombre)	ha'im ani yaχol lehiʃtameʃ ba'telefon ʃelχa?
	האם אני יכול להשתמש בטלפון שלך?

¿Puedo usar su teléfono? (hombre ⇨ mujer)	ha'im ani yaχol lehiʃtameʃ ba'telefon ʃelaχ? **האם אני יכול להשתמש בטלפון שלך?**
¿Puedo usar su teléfono? (mujer ⇨ mulher)	ha'im ani yeχola lehiʃtameʃ ba'telefon ʃelaχ? **האם אני יכולה להשתמש בטלפון שלך?**
¿Puedo usar su teléfono? (mujer ⇨ hombre)	ha'im ani yeχola lehiʃtameʃ ba'telefon ʃelχa? **האם אני יכולה להשתמש בטלפון שלך?**

¡Llame a una ambulancia!	haz'minu 'ambulans! **הזמינו אמבולנס!**
¡Es urgente!	ze daχuf! **זה דחוף!**
¡Es una emergencia!	ze maʦav χerum! **זה מצב חירום!**
¡Más rápido, por favor!	ana maharu! **אנא מהרו!**
¿Puede llamar a un médico, por favor? (⇨ hombre)	ha'im ata yaχol lehazmin rofe, bevakaʃa? **האם אתה יכול להזמין רופא בבקשה?**
¿Puede llamar a un médico, por favor? (⇨ mujer)	ha'im at yeχola lehazmin rofe, bevakaʃa? **האם את יכולה להזמין רופא בבקשה?**
¿Dónde está el hospital?	eifo beit haχolim? **איפה בית החולים?**

¿Cómo se siente? (⇨ hombre)	eiχ ata margiʃ? **איך אתה מרגיש?**
¿Cómo se siente? (⇨ mujer)	eiχ at margiʃa? **איך את מרגישה?**
¿Se encuentra bien? (⇨ hombre)	ha'im ata be'seder? **האם אתה בסדר?**
¿Se encuentra bien? (⇨ mujer)	ha'im at be'seder? **האם את בסדר?**
¿Qué pasó?	ma kara? **מה קרה?**
Me encuentro mejor. (hombre ⇨)	ani margiʃ yoter tov aχʃav. **אני מרגיש טוב יותר עכשיו.**
Me encuentro mejor. (mujer ⇨)	ani margiʃa yoter tov aχʃav. **אני מרגישה טוב יותר עכשיו.**
Está bien.	ze be'seder. **זה בסדר.**
Todo está bien.	ze be'seder. **זה בסדר.**

En la farmacia

la farmacia	beit mer'kaχat בית מרקחת
la farmacia 24 horas	beit mer'kaχat pa'tuaχ esrim ve'arba ʃa'ot biymama בית מרקחת פתוח עשרים וארבע שעות ביממה
¿Dónde está la farmacia más cercana?	eifo beit hamer'kaχat hakarov beyoter? איפה בית המרקחת הקרוב ביותר?
¿Está abierta ahora?	ha'im ze pa'tuaχ aχʃav? האם זה פתוח עכשיו?
¿A qué hora abre?	be"eizo ʃa'a ze niftaχ? באיזו שעה זה נפתח?
¿A qué hora cierra?	be"eizo ʃa'a ze nisgar? באיזו שעה זה נסגר?
¿Está lejos?	ha'im ze raχok? האם זה רחוק?
¿Puedo llegar a pie? (hombre ⇨)	ha'im ani yaχol la'leχet leʃam ba'regel? האם אני יכול ללכת לשם ברגל?
¿Puedo llegar a pie? (mujer ⇨)	ha'im ani yeχola la'leχet leʃam ba'regel? האם אני יכולה ללכת לשם ברגל?
¿Puede mostrarme en el mapa? (⇨ hombre)	ha'im ata yaχol lehar'ot li al hamapa? האם אתה יכול להראות לי על המפה?
¿Puede mostrarme en el mapa? (⇨ mujer)	ha'im at yeχola lehar'ot li al hamapa? האם את יכולה להראות לי על המפה?
Por favor, deme algo para ... (⇨ hombre)	ten li bevakaʃa 'maʃehu 'neged ... תן לי בבקשה משהו נגד ...
Por favor, deme algo para ... (⇨ mujer)	tni li bevakaʃa 'maʃehu 'neged ... תני לי בבקשה משהו נגד ...
un dolor de cabeza	ke'ev roʃ כאב ראש
la tos	ʃi'ul שיעול
el resfriado	hitkarerut התקררות
la gripe	ʃa'pa'at שפעת
la fiebre	χom חום
un dolor de estomago	ke'ev 'beten כאב בטן

nauseas	bχila בחילה
la diarrea	ʃilʃul שלשול
el estreñimiento	atsirut עצירות

un dolor de espalda	ke'ev bagav כאב גב
un dolor de pecho	ke'ev baχaze כאב בחזה
el flato	dkirot batsad דקירות בצד
un dolor abdominal	ke'ev ba'beten כאב בבטן

la píldora	glula גלולה
la crema	miʃχa, krem משחה, קרם
el jarabe	sirop סירופ
el spray	tarsis תרסיס
las gotas	tipot טיפות

Tiene que ir al hospital. (⇨ hombre)	ata tsariχ la'leχet leveit χolim. אתה צריך ללכת לבית חולים.
Tiene que ir al hospital. (⇨ mujer)	at tsriχa la'leχet leveit χolim. את צריכה ללכת לבית חולים.
el seguro de salud	bi'tuaχ bri'ut ביטוח בריאות
la receta	mirʃam מרשם
el repelente de insectos	doχe χarakim דוחה חרקים
la curita	plaster פלסטר

Lo más imprescindible

Perdone, ... (⇨ hombre)	slaχ li, ... ‏... ,סלח לי
Perdone, ... (⇨ mujer)	silχi li, ... ‏... ,סלחי לי
Hola.	ʃalom. ‏שלום.
Gracias.	toda. ‏תודה.
Sí.	ken. ‏כן.
No.	lo. ‏לא.
No lo sé. (hombre ⇨)	ani lo yo'de'a. ‏אני לא יודע.
No lo sé. (mujer ⇨)	ani lo yo'da'at. ‏אני לא יודעת.
¿Dónde? | ¿A dónde? | ¿Cuándo?	eifo? | le'an? | matai? ‏איפה? | לאן ? | מתי?

Necesito ... (hombre ⇨)	ani tsariχ ... ‏אני צריך ...
Necesito ... (mujer ⇨)	ani tsriχa ... ‏אני צריכה ...
Quiero ... (hombre ⇨)	ani rotse ... ‏אני רוצה ...
Quiero ... (mujer ⇨)	ani rotsa ... ‏אני רוצה ...
¿Tiene ...? (⇨ hombre)	ha'im yeʃ leχa ...? ‏האם יש לך ?...
¿Tiene ...? (⇨ mujer)	ha'im yeʃ laχ ...? ‏האם יש לך ?...
¿Hay ... por aquí?	ha'im yeʃ po ...? ‏האם יש פה ?...
¿Puedo ...? (hombre ⇨)	ha'im ani yaχol ...? ‏האם אני יכול ?...
¿Puedo ...? (mujer ⇨)	ha'im ani yeχola ...? ‏האם אני יכולה ?...
..., por favor? (petición educada)	..., bevakaʃa ‏בבקשה, ...

Busco ... (hombre ⇨)	ani meχapes ... ‏אני מחפש ...
Busco ... (mujer ⇨)	ani meχa'peset ... ‏אני מחפשת ...

el servicio	ʃerutim
	שירותים
un cajero automático	kaspomat
	כספומט
una farmacia	beit mer'kaxat
	בית מרקחת
el hospital	beit xolim
	בית חולים
la comisaría	taxanat miʃtara
	תחנת משטרה
el metro	ra'kevet taxtit
	רכבת תחתית
un taxi	monit, 'teksi
	מונית, טקסי
la estación de tren	taxanat ra'kevet
	תחנת רכבת

Me llamo …	kor'im li …
	קוראים לי ...
¿Cómo se llama? (⇨ hombre)	eix kor'im lexa?
	איך קוראים לך?
¿Cómo se llama? (⇨ mujer)	eix kor'im lax?
	איך קוראים לך?

¿Puede ayudarme, por favor? (⇨ hombre)	ha'im ata yaxol la'azor li?
	האם אתה יכול לעזור לי?
¿Puede ayudarme, por favor? (⇨ mujer)	ha'im at yexola la'azor li?
	האם את יכולה לעזור לי?
Tengo un problema.	yeʃ li be'aya.
	יש לי בעייה.
Me encuentro mal. (hombre ⇨)	ani lo margiʃ tov.
	אני לא מרגיש טוב.
Me encuentro mal. (mujer ⇨)	ani lo margiʃa tov.
	אני לא מרגישה טוב.

¡Llame a una ambulancia! (⇨ hombre)	hazmen 'ambulans!
	הזמן אמבולנס!
¡Llame a una ambulancia! (⇨ mujer)	haz'mini 'ambulans!
	הזמיני אמבולנס!
¿Puedo llamar, por favor? (hombre ⇨)	ha'im ani yaxol lehitkaʃer?
	האם אני יכול להתקשר?
¿Puedo llamar, por favor? (mujer ⇨)	ha'im ani yexola lehitkaʃer?
	האם אני יכולה להתקשר?

Lo siento. (hombre ⇨)	ani miʃta'er.
	אני מצטער.
Lo siento. (mujer ⇨)	ani miʃta''eret.
	אני מצטערת.
De nada.	ein be'ad ma, bevakaʃa.
	אין בעד מה, בבקשה.
Yo	ani
	אני

tú (masc.)	ata אתה
tú (fem.)	at את
él	hu הוא
ella	hi היא
ellos	hem הם
ellas	hen הן
nosotros /nosotras/	a'naχnu אנחנו
ustedes, vosotros (masc.)	atem אתם
ustedes, vosotras (fem.)	aten אתן
usted (masc.)	ata אתה
usted (fem.)	at את

ENTRADA	knisa כניסה
SALIDA	yetsiʾa יציאה
FUERA DE SERVICIO	lo poʿel לא פועל
CERRADO	sagur סגור
ABIERTO	paʾtuaχ פתוח
PARA SEÑORAS	lenaʃim לנשים
PARA CABALLEROS	ligvarim לגברים

DICCIONARIO CONCISO

Esta sección contiene más
de 1.500 palabras útiles.
El diccionario incluye muchos
términos gastronómicos
y será de gran ayuda para
pedir alimentos en un
restaurante o comprando
comestibles en la tienda

T&P Books Publishing

CONTENIDO
DEL DICCIONARIO

T&P Books Publishing

tiempo (m)	zman	זְמָן (ז)
hora (f)	ʃa'a	שָׁעָה (נ)
media hora (f)	χatsi ʃa'a	חֲצִי שָׁעָה (נ)
minuto (m)	daka	דַּקָּה (נ)
segundo (m)	ʃniya	שְׁנִיָּה (נ)

hoy (adv)	hayom	הַיּוֹם
mañana (adv)	maχar	מָחָר
ayer (adv)	etmol	אֶתמוֹל

lunes (m)	yom ʃeni	יוֹם שֵׁנִי (ז)
martes (m)	yom ʃliʃi	יוֹם שְׁלִישִׁי (ז)
miércoles (m)	yom revi'i	יוֹם רְבִיעִי (ז)
jueves (m)	yom χamiʃi	יוֹם חֲמִישִׁי (ז)
viernes (m)	yom ʃiʃi	יוֹם שִׁישִׁי (ז)
sábado (m)	ʃabat	שַׁבָּת (נ)
domingo (m)	yom riʃon	יוֹם רִאשׁוֹן (ז)

día (m)	yom	יוֹם (ז)
día (m) de trabajo	yom avoda	יוֹם עֲבוֹדָה (ז)
día (m) de fiesta	yom χag	יוֹם חַג (ז)
fin (m) de semana	sof ʃa'vu'a	סוֹף שָׁבוּעַ

semana (f)	ʃa'vua	שָׁבוּעַ (ז)
semana (f) pasada	baʃa'vu'a ʃe'avar	בַּשָּׁבוּעַ שֶׁעָבַר
semana (f) que viene	baʃa'vu'a haba	בַּשָּׁבוּעַ הַבָּא

| salida (f) del sol | zriχa | זְרִיחָה (נ) |
| puesta (f) del sol | ʃki'a | שְׁקִיעָה (נ) |

por la mañana	ba'boker	בַּבּוֹקֶר
por la tarde	aχar hatsaha'rayim	אַחַר הַצָּהֳרַיִים
por la noche	ba''erev	בָּעֶרֶב
esta noche (p.ej. 8:00 p.m.)	ha''erev	הָעֶרֶב
por la noche	ba'laila	בַּלַּיְלָה
medianoche (f)	χatsot	חֲצוֹת (נ)

enero (m)	'yanu'ar	יָנוּאָר (ז)
febrero (m)	'febru'ar	פֶבּרוּאָר (ז)
marzo (m)	merts	מֶרץ (ז)
abril (m)	april	אַפּרִיל (ז)
mayo (m)	mai	מָאי (ז)
junio (m)	'yuni	יוּנִי (ז)
julio (m)	'yuli	יוּלִי (ז)

agosto (m)	'ogust	אוֹגוּסט (ז)
septiembre (m)	sep'tember	סֶפְּטֶמְבֶּר (ז)
octubre (m)	ok'tober	אוֹקְטוֹבֶּר (ז)
noviembre (m)	no'vember	נוֹבֶמְבֶּר (ז)
diciembre (m)	de'tsember	דֶּצֶמְבֶּר (ז)
en primavera	ba'aviv	בָּאָבִיב
en verano	ba'kayits	בַּקַּיִץ
en otoño	bestav	בָּסְתָיו
en invierno	ba'χoref	בַּחוֹרֶף
mes (m)	'χodeʃ	חוֹדֶשׁ (ז)
estación (f)	ona	עוֹנָה (נ)
año (m)	ʃana	שָׁנָה (נ)
siglo (m)	'me'a	מֵאָה (נ)

2. Números. Los numerales

cifra (f)	sifra	סְפְרָה (נ)
número (m) (~ cardinal)	mispar	מִסְפָּר (ז)
menos (m)	'minus	מִינוּס (ז)
más (m)	plus	פְּלוּס (ז)
suma (f)	sχum	סְכוּם (ז)
primero (adj)	riʃon	רִאשׁוֹן
segundo (adj)	ʃeni	שֵׁנִי
tercero (adj)	ʃliʃi	שְׁלִישִׁי
cero	'efes	אֶפֶס (ז)
uno	eχad	אֶחָד (ז)
dos	'ʃtayim	שְׁתַּיִם (נ)
tres	ʃaloʃ	שָׁלוֹשׁ (נ)
cuatro	arba	אַרְבַּע (נ)
cinco	χameʃ	חָמֵשׁ (נ)
seis	ʃeʃ	שֵׁשׁ (נ)
siete	'ʃeva	שֶׁבַע (נ)
ocho	'ʃmone	שְׁמוֹנֶה (נ)
nueve	'teʃa	תֵּשַׁע (נ)
diez	'eser	עֶשֶׂר (נ)
once	aχat esre	אַחַת־עֶשְׂרֵה (נ)
doce	ʃteim esre	שְׁתֵּים־עֶשְׂרֵה (נ)
trece	ʃloʃ esre	שְׁלוֹשׁ־עֶשְׂרֵה (נ)
catorce	arba esre	אַרְבַּע־עֶשְׂרֵה (נ)
quince	χameʃ esre	חָמֵשׁ־עֶשְׂרֵה (נ)
dieciséis	ʃeʃ esre	שֵׁשׁ־עֶשְׂרֵה (נ)
diecisiete	ʃva esre	שְׁבַע־עֶשְׂרֵה (נ)
dieciocho	ʃmone esre	שְׁמוֹנֶה־עֶשְׂרֵה (נ)

diecinueve	tʃa esre	תְּשַׁע־עֶשְׂרֵה (נ)
veinte	esrim	עֶשְׂרִים
treinta	ʃloʃim	שְׁלוֹשִׁים
cuarenta	arba'im	אַרְבָּעִים
cincuenta	χamiʃim	חֲמִישִׁים
sesenta	ʃiʃim	שִׁישִׁים
setenta	ʃiv'im	שִׁבְעִים
ochenta	ʃmonim	שְׁמוֹנִים
noventa	tiʃ'im	תִּשְׁעִים
cien	'me'a	מֵאָה (נ)
doscientos	ma'tayim	מָאתַיִם
trescientos	ʃloʃ me'ot	שְׁלוֹשׁ מֵאוֹת (נ)
cuatrocientos	arba me'ot	אַרְבַּע מֵאוֹת (נ)
quinientos	χameʃ me'ot	חֲמֵשׁ מֵאוֹת (נ)
seiscientos	ʃeʃ me'ot	שֵׁשׁ מֵאוֹת (נ)
setecientos	ʃva me'ot	שְׁבַע מֵאוֹת (נ)
ochocientos	ʃmone me'ot	שְׁמוֹנֶה מֵאוֹת (נ)
novecientos	tʃa me'ot	תְּשַׁע מֵאוֹת (נ)
mil	'elef	אֶלֶף (ז)
diez mil	a'seret alafim	עֲשֶׂרֶת אֲלָפִים (ז)
cien mil	'me'a 'elef	מֵאָה אֶלֶף (ז)
millón (m)	milyon	מִילְיוֹן (ז)
mil millones	milyard	מִילְיַארְד (ז)

3. El ser humano. Los familiares

hombre (m) (varón)	'gever	גֶּבֶר (ז)
joven (m)	baχur	בָּחוּר (ז)
adolescente (m)	'na'ar	נַעַר (ז)
mujer (f)	iʃa	אִשָּׁה (נ)
muchacha (f)	baχura	בַּחוּרָה (נ)
edad (f)	gil	גִּיל (ז)
adulto	mevugar	מְבוֹגָר (ז)
de edad media (adj)	bagil ha'amida	בַּגִּיל הָעֲמִידָה
anciano, mayor (adj)	zaken	זָקֵן
viejo (adj)	zaken	זָקֵן
anciano (m)	zaken	זָקֵן (ז)
anciana (f)	zkena	זְקֵנָה (נ)
jubilación (f)	'pensya	פֶּנְסִיָּה (נ)
jubilarse	latset legimla'ot	לָצֵאת לְגִימְלָאוֹת
jubilado (m)	pensyoner	פֶּנְסִיוֹנֶר (ז)
madre (f)	em	אֵם (נ)
padre (m)	av	אָב (ז)
hijo (m)	ben	בֵּן (ז)

hija (f)	bat	בַּת (נ)
hermano (m)	aҳ	אָח (ז)
hermano (m) mayor	aҳ gadol	אָח גָּדוֹל (ז)
hermano (m) menor	aҳ katan	אָח קָטָן (ז)
hermana (f)	aҳot	אָחוֹת (נ)
hermana (f) mayor	aҳot gdola	אָחוֹת גדוֹלָה (נ)
hermana (f) menor	aҳot ktana	אָחוֹת קְטַנָה (נ)
padres (pl)	horim	הוֹרִים (ז״ר)
niño -a (m, f)	'yeled	יֶלֶד (ז)
niños (pl)	yeladim	יְלָדִים (ז״ר)
madrastra (f)	em ҳoreget	אֵם חוֹרֶגֶת (נ)
padrastro (m)	av ҳoreg	אָב חוֹרֵג (ז)
abuela (f)	'savta	סַבְתָּא (נ)
abuelo (m)	'saba	סַבָּא (ז)
nieto (m)	'neҳed	נֶכֶד (ז)
nieta (f)	neҳda	נֶכְדָה (נ)
nietos (pl)	neҳadim	נְכָדִים (ז״ר)
tío (m)	dod	דוֹד (ז)
tía (f)	'doda	דוֹדָה (נ)
sobrino (m)	aҳyan	אַחְיָן (ז)
sobrina (f)	aҳyanit	אַחְיָנִית (נ)
mujer (f)	iʃa	אִשָׁה (נ)
marido (m)	'ba'al	בַּעַל (ז)
casado (adj)	nasui	נָשׂוּי
casada (adj)	nesu'a	נְשׂוּאָה
viuda (f)	almana	אַלְמָנָה (נ)
viudo (m)	alman	אַלְמָן (ז)
nombre (m)	ʃem	שֵׁם (ז)
apellido (m)	ʃem miʃpaҳa	שֵׁם מִשׁפָּחָה (ז)
pariente (m)	karov miʃpaҳa	קָרוֹב מִשׁפָּחָה (ז)
amigo (m)	ҳaver	חָבֵר (ז)
amistad (f)	yedidut	יְדִידוּת (נ)
compañero (m)	ʃutaf	שׁוּתָף (ז)
superior (m)	memune	מְמוּנֶה (ז)
colega (m, f)	amit	עָמִית (ז)
vecinos (pl)	ʃҳenim	שׁכֵנִים (ז״ר)

4. El cuerpo. La anatomía humana

organismo (m)	guf ha'adam	גוּף הָאָדָם (ז)
cuerpo (m)	guf	גוּף (ז)
corazón (m)	lev	לֵב (ז)
sangre (f)	dam	דָם (ז)

cerebro (m)	'moaχ	מוֹחַ (ז)
nervio (m)	atsav	עָצָב (ז)
hueso (m)	'etsem	עֶצֶם (נ)
esqueleto (m)	'ʃeled	שֶׁלֶד (ז)
columna (f) vertebral	amud haʃidra	עָמוּד הַשִּׁדְרָה (ז)
costilla (f)	'tsela	צֵלָע (נ)
cráneo (m)	gul'golet	גוּלגוֹלֶת (נ)
músculo (m)	ʃrir	שְׁרִיר (ז)
pulmones (m pl)	re'ot	רֵיאוֹת (נ״ר)
piel (f)	or	עוֹר (ז)
cabeza (f)	roʃ	רֹאש (ז)
cara (f)	panim	פָּנִים (ז״ר)
nariz (f)	af	אַף (ז)
frente (f)	'metsaχ	מֵצַח (ז)
mejilla (f)	'leχi	לֶחִי (נ)
boca (f)	pe	פֶּה (ז)
lengua (f)	laʃon	לָשׁוֹן (נ)
diente (m)	ʃen	שֵׁן (נ)
labios (m pl)	sfa'tayim	שְׂפָתַיִם (נ״ר)
mentón (m)	santer	סַנטֵר (ז)
oreja (f)	'ozen	אוֹזֶן (נ)
cuello (m)	tsavar	צַוָּאר (ז)
garganta (f)	garon	גָּרוֹן (ז)
ojo (m)	'ayin	עַיִן (נ)
pupila (f)	iʃon	אִישׁוֹן (ז)
ceja (f)	gaba	גַּבָּה (נ)
pestaña (f)	ris	רִיס (ז)
pelo, cabello (m)	se'ar	שֵׂיעָר (ז)
peinado (m)	tis'roket	תִּסרוֹקֶת (נ)
bigote (m)	safam	שָׂפָם (ז)
barba (f)	zakan	זָקָן (ז)
tener (~ la barba)	legadel	לְגַדֵּל
calvo (adj)	ke'reaχ	קֵירֵחַ
mano (f)	kaf yad	כַּף יָד (נ)
brazo (m)	yad	יָד (נ)
dedo (m)	'etsba	אֶצבַּע (נ)
uña (f)	tsi'poren	צִיפּוֹרֶן (ז)
palma (f)	kaf yad	כַּף יָד (נ)
hombro (m)	katef	כָּתֵף (נ)
pierna (f)	'regel	רֶגֶל (נ)
planta (f)	kaf 'regel	כַּף רֶגֶל (נ)
rodilla (f)	'bereχ	בֶּרֶךְ (נ)
talón (m)	akev	עָקֵב (ז)
espalda (f)	gav	גַּב (ז)

cintura (f), talle (m)	'talya	טַלְיָה (נ)
lunar (m)	nekudat χen	נְקוּדַת חֵן (נ)
marca (f) de nacimiento	'ketem leida	כֶּתֶם לֵידָה (ז)

5. La medicina. Las drogas

salud (f)	bri'ut	בְּרִיאוּת (נ)
sano (adj)	bari	בָּרִיא
enfermedad (f)	maχala	מַחֲלָה (נ)
estar enfermo	lihyot χole	לִהְיוֹת חוֹלֶה
enfermo (adj)	χole	חוֹלֶה
resfriado (m)	hitstanenut	הִצְטַנְנוּת (נ)
resfriarse (vr)	lehitstanen	לְהִצְטַנֵּן
angina (f)	da'leket ʃkedim	דַּלֶּקֶת שְׁקֵדִים (נ)
pulmonía (f)	da'leket re'ot	דַּלֶּקֶת רֵיאוֹת (נ)
gripe (f)	ʃa'paʿat	שַׁפַּעַת (נ)
resfriado (m) (coriza)	na'zelet	נַזֶּלֶת (נ)
tos (f)	ʃiʿul	שִׁיעוּל (ז)
toser (vi)	lehiʃtaʿel	לְהִשְׁתַּעֵל
estornudar (vi)	lehit'ateʃ	לְהִתְעַטֵּשׁ
insulto (m)	ʃavats moχi	שָׁבָץ מוֹחִי (ז)
ataque (m) cardiaco	hetkef lev	הֶתְקֵף לֵב (ז)
alergia (f)	a'lergya	אַלֶּרְגְיָה (נ)
asma (f)	'astma, ka'tseret	אַסְתְמָה, קַצֶּרֶת (נ)
diabetes (f)	su'keret	סוּכֶּרֶת (נ)
tumor (m)	gidul	גִּידוּל (ז)
cáncer (m)	sartan	סַרְטָן (ז)
alcoholismo (m)	alkoholizm	אַלְכּוֹהוֹלִיזְם (ז)
SIDA (m)	eids	אֵיידְס (ז)
fiebre (f)	ka'daχat	קַדַּחַת (נ)
mareo (m)	maχalat yam	מַחֲלַת יָם (נ)
moradura (f)	χabura	חַבּוּרָה (נ)
chichón (m)	blita	בְּלִיטָה (נ)
cojear (vi)	lits'loʿa	לִצְלוֹעַ
dislocación (f)	'neka	נֶקַע (ז)
dislocar (vt)	lin'koʿa	לִנְקוֹעַ
fractura (f)	'ʃever	שֶׁבֶר (ז)
quemadura (f)	kviya	כְּווִייָה (נ)
herida (f)	ptsiʿa	פְּצִיעָה (נ)
dolor (m)	ke'ev	כְּאֵב (ז)
dolor (m) de muelas	ke'ev ʃi'nayim	כְּאֵב שִׁינַיִים (ז)
sudar (vi)	leha'zi'a	לְהַזִּיעַ
sordo (adj)	χereʃ	חֵירֵשׁ

mudo (adj)	ilem	אִילֵם
inmunidad (f)	xasinut	חֲסִינוּת (נ)
virus (m)	'virus	וִירוּס (ז)
microbio (m)	xaidak	חַיְדָּק (ז)
bacteria (f)	bak'terya	בַּקְטֶרְיָה (נ)
infección (f)	zihum	זִיהוּם (ז)
hospital (m)	beit xolim	בֵּית חוֹלִים (ז)
cura (f)	ripui	רִיפּוּי (ז)
vacunar (vt)	lexasen	לְחַסֵּן
estar en coma	lihyot betar'demet	לִהְיוֹת בְּתַרְדֶּמֶת
revitalización (f)	tipul nimrats	טִיפּוּל נִמְרָץ (ז)
síntoma (m)	simptom	סִימְפְּטוֹם (ז)
pulso (m)	'dofek	דוֹפֶק (ז)

6. Los sentimientos. Las emociones

yo	ani	אֲנִי (ז, נ)
tú (masc.)	ata	אַתָּה (ז)
tú (fem.)	at	אַתְּ (נ)
él	hu	הוּא (ז)
ella	hi	הִיא (נ)
nosotros, -as	a'naxnu	אֲנַחְנוּ (ז, נ)
vosotros	atem	אַתֶּם (ז"ר)
vosotras	aten	אַתֶּן (נ"ר)
Usted	ata, at	אַתָּה (ז), אַתְּ (נ)
Ustedes	atem, aten	אַתֶּם (ז"ר), אַתֶּן (נ"ר)
ellos	hem	הֵם (ז"ר)
ellas	hen	הֵן (נ"ר)
¡Hola! (fam.)	ʃalom!	שָׁלוֹם!
¡Hola! (form.)	ʃalom!	שָׁלוֹם!
¡Buenos días!	'boker tov!	בּוֹקֶר טוֹב!
¡Buenas tardes!	tsaha'rayim tovim!	צָהֳרַיִים טוֹבִים!
¡Buenas noches!	'erev tov!	עֶרֶב טוֹב!
decir hola	lomar ʃalom	לוֹמַר שָׁלוֹם
saludar (vt)	lomar ʃalom	לוֹמַר שָׁלוֹם
¿Cómo estáis?	ma ʃlomex?, ma ʃlomxa?	מָה שְׁלוֹמֵךְ? (נ), מָה שְׁלוֹמְךָ? (ז)
¿Cómo estás?	ma niʃma?	מָה נִשְׁמָע?
¡Hasta la vista! (form.)	lehitra'ot!	לְהִתְרָאוֹת!
¡Hasta la vista! (fam.)	bai!	בַּיי!
¡Gracias!	toda!	תּוֹדָה!
sentimientos (m pl)	regaʃot	רְגָשׁוֹת (ז"ר)
tener hambre	lihyot ra'ev	לִהְיוֹת רָעֵב
tener sed	lihyot tsame	לִהְיוֹת צָמֵא
cansado (adj)	ayef	עָיֵיף
inquietarse (vr)	lid'og	לִדְאוֹג

estar nervioso	lihyot atsbani	לִהְיוֹת עַצְבָּנִי
esperanza (f)	tikva	תִּקְוָה (נ)
esperar (tener esperanza)	lekavot	לְקַוּוֹת
carácter (m)	'ofi	אוֹפִי (ז)
modesto (adj)	tsa'nu‘a	צָנוּעַ
perezoso (adj)	atsel	עָצֵל
generoso (adj)	nadiv	נָדִיב
talentoso (adj)	muxʃar	מוכשר
honesto (adj)	yaʃar	יָשָׁר
serio (adj)	retsini	רְצִינִי
tímido (adj)	baiʃan	בַּיְישָׁן
sincero (adj)	ken	כֵּן
cobarde (m)	paxdan	פַּחְדָן (ז)
dormir (vi)	liʃon	לִישׁוֹן
sueño (m) (dulces ~s)	xalom	חֲלוֹם (ז)
cama (f)	mita	מִיטָה (נ)
almohada (f)	karit	כָּרִית (נ)
insomnio (m)	nedudei ʃena	נְדוּדֵי שֵׁינָה (ז"ר)
irse a la cama	la'lexet liʃon	לָלֶכֶת לִישׁוֹן
pesadilla (f)	siyut	סִיוּט (ז)
despertador (m)	ʃa'on me'orer	שָׁעוֹן מְעוֹרֵר (ז)
sonrisa (f)	xiyux	חִיוּךְ (ז)
sonreír (vi)	lexayex	לְחַיֵּיךְ
reírse (vr)	litsxok	לִצְחוֹק
disputa (f), riña (f)	riv	רִיב (ז)
insulto (m)	elbon	עֶלְבּוֹן (ז)
ofensa (f)	tina	טִינָה (נ)
enfadado (adj)	ka‘us	כָּעוּס

7. La ropa. Accesorios personales

ropa (f)	bgadim	בְּגָדִים (ז"ר)
abrigo (m)	me'il	מְעִיל (ז)
abrigo (m) de piel	me'il parva	מְעִיל פַּרְוָה (ז)
cazadora (f)	me'il katsar	מְעִיל קָצָר (ז)
impermeable (m)	me'il 'geʃem	מְעִיל גֶּשֶׁם (ז)
camisa (f)	xultsa	חוּלְצָה (נ)
pantalones (m pl)	mixna'sayim	מִכְנָסַיִים (ז"ר)
chaqueta (f), saco (m)	ʒaket	זָ'קֵט (ז)
traje (m)	xalifa	חֲלִיפָה (נ)
vestido (m)	simla	שִׂמְלָה (נ)
falda (f)	xatsa'it	חֲצָאִית (נ)
camiseta (f) (T-shirt)	ti ʃert	טִי שֶׁרְט (ז)

bata (f) de baño	χaluk raχatsa	חֲלוּק רַחְצָה (ז)
pijama (m)	pi'dʒama	פִּינָ'מָה (נ)
ropa (f) de trabajo	bigdei avoda	בִּגְדֵי עֲבוֹדָה (ז״ר)
ropa (f) interior	levanim	לְבָנִים (ז״ר)
calcetines (m pl)	gar'bayim	גַּרְבַּיִם (ז״ר)
sostén (m)	χaziya	חֲזִיָּה (נ)
pantimedias (f pl)	garbonim	גַּרְבּוֹנִים (ז״ר)
medias (f pl)	garbei 'nailon	גַּרְבֵּי נַיְלוֹן (ז״ר)
traje (m) de baño	'beged yam	בֶּגֶד יָם (ז)
gorro (m)	'kova	כּוֹבַע (ז)
calzado (m)	han'ala	הַנְעָלָה (נ)
botas (f pl) altas	maga'fayim	מַגָּפַיִם (ז״ר)
tacón (m)	akev	עָקֵב (ז)
cordón (m)	sroχ	שְׂרוֹךְ (ז)
betún (m)	miʃχat na'a'layim	מִשְׁחַת נַעֲלַיִם (נ)
algodón (m)	kutna	כֻּותְנָה (נ)
lana (f)	'tsemer	צֶמֶר (ז)
piel (f) (~ de zorro, etc.)	parva	פַּרְוָה (נ)
guantes (m pl)	kfafot	כְּפָפוֹת (נ״ר)
manoplas (f pl)	kfafot	כְּפָפוֹת (נ״ר)
bufanda (f)	tsa'if	צָעִיף (ז)
gafas (f pl)	miʃka'fayim	מִשְׁקָפַיִם (ז״ר)
paraguas (m)	mitriya	מִטְרִיָּה (נ)
corbata (f)	aniva	עֲנִיבָה (נ)
moquero (m)	mimχata	מִמְחָטָה (נ)
peine (m)	masrek	מַסְרֵק (ז)
cepillo (m) de pelo	miv'refet se'ar	מִבְרֶשֶׁת שֵׂיעָר (נ)
hebilla (f)	avzam	אַבְזָם (ז)
cinturón (m)	χagora	חֲגוֹרָה (נ)
bolso (m)	tik	תִּיק (ז)
cuello (m)	tsavaron	צַוָּארוֹן (ז)
bolsillo (m)	kis	כִּיס (ז)
manga (f)	ʃarvul	שַׁרְווּל (ז)
bragueta (f)	χanut	חֲנוּת (נ)
cremallera (f)	roχsan	רוֹכְסָן (ז)
botón (m)	kaftor	כַּפְתּוֹר (ז)
ensuciarse (vr)	lehitlaχleχ	לְהִתְלַכְלֵךְ
mancha (f)	'ketem	כֶּתֶם (ז)

8. La ciudad. Las instituciones urbanas

tienda (f)	χanut	חֲנוּת (נ)
centro (m) comercial	kanyon	קַנְיוֹן (ז)

supermercado (m)	super'market	סוּפֶּרְמַרְקֶט (ז)
zapatería (f)	χanut na'a'layim	חֲנוּת נַעֲלַיִים (נ)
librería (f)	χanut sfarim	חֲנוּת סְפָרִים (נ)
farmacia (f)	beit mir'kaχat	בֵּית מִרְקַחַת (ז)
panadería (f)	ma'afiya	מַאֲפִיָּה (נ)
pastelería (f)	χanut mamtakim	חֲנוּת מַמְתַּקִים (נ)
tienda (f) de comestibles	ma'kolet	מַכּוֹלֶת (נ)
carnicería (f)	itliz	אִטְלִיז (ז)
verdulería (f)	χanut perot viyerakot	חֲנוּת פֵּירוֹת וִירָקוֹת (נ)
mercado (m)	ʃuk	שׁוּק (ז)
peluquería (f)	mispara	מִסְפָּרָה (נ)
oficina (f) de correos	'do'ar	דּוֹאַר (ז)
tintorería (f)	nikui yaveʃ	נִיקוּי יָבֵשׁ (ז)
circo (m)	kirkas	קִרְקָס (ז)
zoológico (m)	gan hayot	גַּן חַיּוֹת (ז)
teatro (m)	te'atron	תֵּיאַטְרוֹן (ז)
cine (m)	kol'no'a	קוֹלְנוֹעַ (ז)
museo (m)	muze'on	מוּזֵיאוֹן (ז)
biblioteca (f)	sifriya	סִפְרִיָּה (נ)
mezquita (f)	misgad	מִסְגָּד (ז)
sinagoga (f)	beit 'kneset	בֵּית כְּנֶסֶת (ז)
catedral (f)	kated'rala	קָתֶדְרָלָה (נ)
templo (m)	mikdaʃ	מִקְדָּשׁ (ז)
iglesia (f)	knesiya	כְּנֵסִיָּה (נ)
instituto (m)	miχlala	מִכְלָלָה (נ)
universidad (f)	uni'versita	אוּנִיבֶרְסִיטָה (נ)
escuela (f)	beit 'sefer	בֵּית סֵפֶר (ז)
hotel (m)	beit malon	בֵּית מָלוֹן (ז)
banco (m)	bank	בַּנק (ז)
embajada (f)	ʃagrirut	שַׁגְרִירוּת (נ)
agencia (f) de viajes	soχnut nesi'ot	סוֹכְנוּת נְסִיעוֹת (נ)
metro (m)	ra'kevet taχtit	רַכֶּבֶת תַּחְתִּית (נ)
hospital (m)	beit χolim	בֵּית חוֹלִים (ז)
gasolinera (f)	taχanat 'delek	תַּחֲנַת דֶּלֶק (נ)
aparcamiento (m)	migraʃ χanaya	מִגְרַשׁ חֲנָיָה (ז)
ENTRADA	knisa	כְּנִיסָה
SALIDA	yetsi'a	יְצִיאָה
EMPUJAR	dχof	דְּחוֹף
TIRAR	mʃoχ	מְשׁוֹךְ
ABIERTO	pa'tuaχ	פָּתוּחַ
CERRADO	sagur	סָגוּר
monumento (m)	an'darta	אַנְדַּרְטָה (נ)
fortaleza (f)	mivtsar	מִבְצָר (ז)
palacio (m)	armon	אַרְמוֹן (ז)

medieval (adj)	benaimi	בֵּינַיימִי
antiguo (adj)	atik	עַתִיק
nacional (adj)	le'umi	לְאוּמִי
conocido (adj)	mefursam	מְפוּרסָם

9. El dinero. Las finanzas

dinero (m)	'kesef	כֶּסֶף (ז)
moneda (f)	mat'be'a	מַטבֵּעַ (ז)
dólar (m)	'dolar	דוֹלָר (ז)
euro (m)	'eiro	אֵירוֹ (ז)

cajero (m) automático	kaspomat	כַּספּוֹמָט (ז)
oficina (f) de cambio	misrad hamarat mat'be'a	מִשׂרַד הֲמָרַת מַטבֵּעַ (ז)
curso (m)	'ʃa'ar χalifin	שַׁעַר חֲלִיפִין (ז)
dinero (m) en efectivo	mezuman	מְזוּמָן
¿Cuánto?	'kama?	כַּמָה?
pagar (vi, vt)	leʃalem	לְשַׁלֵם
pago (m)	taʃlum	תַשׁלוּם (ז)
cambio (m) (devolver el ~)	'odef	עוֹדֶף (ז)

precio (m)	meχir	מְחִיר (ז)
descuento (m)	hanaχa	הֲנָחָה (נ)
barato (adj)	zol	זוֹל
caro (adj)	yakar	יָקָר

banco (m)	bank	בַּנק (ז)
cuenta (f)	χeʃbon	חֶשׁבּוֹן (ז)
tarjeta (f) de crédito	kartis aʃrai	כַּרטִיס אַשׁרַאי (ז)
cheque (m)	tʃek	צֶ׳ק (ז)
sacar un cheque	liχtov tʃek	לִכתוֹב צֶ׳ק
talonario (m)	pinkas 'tʃekim	פִּנקַס צֶ׳קִים (ז)

deuda (f)	χov	חוֹב (ז)
deudor (m)	'ba'al χov	בַּעַל חוֹב (ז)
prestar (vt)	lehalvot	לְהַלווֹת
tomar prestado	lilvot	לִלווֹת

alquilar (vt)	liskor	לִשׂכּוֹר
a crédito (adv)	be'aʃrai	בְּאַשׁרַאי
cartera (f)	arnak	אַרנָק (ז)
caja (f) fuerte	ka'sefet	כַּסֶפֶת (נ)
herencia (f)	yeruʃa	יְרוּשָׁה (נ)
fortuna (f)	'oʃer	עוֹשֶׁר (ז)

impuesto (m)	mas	מַס (ז)
multa (f)	knas	קנָס (ז)
multar (vt)	liknos	לִקנוֹס
al por mayor (adj)	sitona'i	סִיטוֹנָאִי
al por menor (adj)	kim'oni	קַמעוֹנִי

asegurar (vt)	leva'teaχ	לְבַטֵּחַ
seguro (m)	bi'tuaχ	בִּיטוּחַ (ז)
capital (m)	hon	הוֹן (ז)
volumen (m) de negocio	maχzor	מַחְזוֹר (ז)
acción (f)	menaya	מְנָיָה (נ)
beneficio (m)	'revaχ	רֶווַח (ז)
beneficioso (adj)	rivχi	רְווחִי
crisis (f)	maʃber	מַשְׁבֵּר (ז)
bancarrota (f)	pʃitat 'regel	פְּשִׁיטַת רֶגֶל (נ)
ir a la bancarrota	liʃʃot 'regel	לִפְשׁוֹט רֶגֶל
contable (m)	ro'e χeʃbon	רוֹאֵה חֶשְׁבּוֹן (ז)
salario (m)	mas'koret	מַשְׂכּוֹרֶת (נ)
premio (m)	'bonus	בּוֹנוּס (ז)

10. El transporte

autobús (m)	'otobus	אוֹטוֹבּוּס (ז)
tranvía (m)	ra'kevet kala	רַכֶּבֶת קַלָּה (נ)
trolebús (m)	tro'leibus	טרוֹלֵייבּוּס (ז)
ir en …	lin'so'a be…	לִנְסוֹעַ בְּ...
tomar (~ el autobús)	la'alot	לַעֲלוֹת
bajar (~ del tren)	la'redet mi…	לָרֶדֶת מְ...
parada (f)	taχana	תַּחֲנָה (נ)
parada (f) final	hataχana ha'aχrona	הַתַּחֲנָה הָאַחֲרוֹנָה (נ)
horario (m)	'luaχ zmanim	לוּחַ זְמַנִּים (ז)
billete (m)	kartis	כַּרְטִיס (ז)
llegar tarde (vi)	le'aχer	לְאַחֵר
taxi (m)	monit	מוֹנִית (נ)
en taxi	bemonit	בְּמוֹנִית
parada (f) de taxi	taχanat moniyot	תַּחֲנַת מוֹנִיּוֹת (נ)
tráfico (m)	tnu'a	תְּנוּעָה (נ)
horas (f pl) de punta	ʃa'ot 'omes	שְׁעוֹת עוֹמֶס (נ"ר)
aparcar (vi)	laχanot	לַחֲנוֹת
metro (m)	ra'kevet taχtit	רַכֶּבֶת תַּחְתִּית (נ)
estación (f)	taχana	תַּחֲנָה (נ)
tren (m)	ra'kevet	רַכֶּבֶת (נ)
estación (f)	taχanat ra'kevet	תַּחֲנַת רַכֶּבֶת (נ)
rieles (m pl)	mesilot	מְסִילּוֹת (נ"ר)
compartimiento (m)	ta	תָּא (ז)
litera (f)	dargaʃ	דַּרְגָּשׁ (ז)
avión (m)	matos	מָטוֹס (ז)
billete (m) de avión	kartis tisa	כַּרְטִיס טִיסָה (ז)

compañía (f) aérea	xevrat te'ufa	חֶבְרַת תְעוּפָה (נ)
aeropuerto (m)	nemal te'ufa	נְמַל תְעוּפָה (ז)
vuelo (m)	tisa	טִיסָה (נ)
equipaje (m)	kvuda	כְּבוּדָה (נ)
carrito (m) de equipaje	eglat kvuda	עֶגְלַת כְּבוּדָה (נ)
barco, buque (m)	sfina	סְפִינָה (נ)
trasatlántico (m)	oniyat ta'anugot	אוֹנִיַת תַעֲנוּגוֹת (נ)
yate (m)	'yaxta	יַכטָה (נ)
bote (m) de remo	sira	סִירָה (נ)
capitán (m)	rav xovel	רַב־חוֹבֵל (ז)
camarote (m)	ta	תָא (ז)
puerto (m)	namal	נָמֵל (ז)
bicicleta (f)	ofa'nayim	אוֹפַנַיִים (ז"ר)
scooter (m)	kat'no'a	קַטנוֹעַ (ז)
motocicleta (f)	of'no'a	אוֹפנוֹעַ (ז)
pedal (m)	davʃa	דַוושָה (נ)
bomba (f)	maʃeva	מַשאֵבָה (נ)
rueda (f)	galgal	גַלגַל (ז)
coche (m)	mexonit	מְכוֹנִית (נ)
ambulancia (f)	'ambulans	אַמבּוּלַנס (ז)
camión (m)	masa'it	מַשָׂאִית (נ)
de ocasión (adj)	meʃumaʃ	מְשוּמָש
accidente (m)	te'una	תְאוּנָה (נ)
reparación (f)	ʃiputs	שִיפוּץ (ז)

11. La comida. Unidad 1

carne (f)	basar	בָּשָׂר (ז)
gallina (f)	of	עוֹף (ז)
pato (m)	barvaz	בַּרוָז (ז)
carne (f) de cerdo	basar xazir	בָּשָׂר חֲזִיר (ז)
carne (f) de ternera	basar 'egel	בָּשָׂר עֵגֶל (ז)
carne (f) de carnero	basar 'keves	בָּשָׂר כֶּבֶשׂ (ז)
carne (f) de vaca	bakar	בָּקָר (ז)
salchichón (m)	naknik	נַקנִיק (ז)
huevo (m)	beitsa	בֵּיצָה (נ)
pescado (m)	dag	דָג (ז)
queso (m)	gvina	גבִינָה (נ)
azúcar (m)	sukar	סוּכָּר (ז)
sal (f)	'melax	מֶלַח (ז)
arroz (m)	'orez	אוֹרֶז (ז)
macarrones (m pl)	'pasta	פַּסטָה (נ)

mantequilla (f)	χem'a	חֶמְאָה (נ)
aceite (m) vegetal	'ʃemen tsimχi	שֶׁמֶן צִמְחִי (ז)
pan (m)	'leχem	לֶחֶם (ז)
chocolate (m)	'ʃokolad	שׁוֹקוֹלָד (ז)
vino (m)	'yayin	יַיִן (ז)
café (m)	kafe	קָפֶה (ז)
leche (f)	χalav	חָלָב (ז)
zumo (m), jugo (m)	mits	מִיץ (ז)
cerveza (f)	'bira	בִּירָה (נ)
té (m)	te	תֶּה (ז)
tomate (m)	agvaniya	עַגְבָנִיָּה (נ)
pepino (m)	melafefon	מְלָפְפוֹן (ז)
zanahoria (f)	'gezer	גֶּזֶר (ז)
patata (f)	ta'puaχ adama	תַּפּוּחַ אֲדָמָה (ז)
cebolla (f)	batsal	בָּצָל (ז)
ajo (m)	ʃum	שׁוּם (ז)
col (f)	kruv	כְּרוּב (ז)
remolacha (f)	'selek	סֶלֶק (ז)
berenjena (f)	χatsil	חָצִיל (ז)
eneldo (m)	ʃamir	שָׁמִיר (ז)
lechuga (f)	'χasa	חַסָּה (נ)
maíz (m)	'tiras	תִּירָס (ז)
fruto (m)	pri	פְּרִי (ז)
manzana (f)	ta'puaχ	תַּפּוּחַ (ז)
pera (f)	agas	אַגָּס (ז)
limón (m)	limon	לִימוֹן (ז)
naranja (f)	tapuz	תַּפּוּז (ז)
fresa (f)	tut sade	תּוּת שָׂדֶה (ז)
ciruela (f)	ʃezif	שְׁזִיף (ז)
frambuesa (f)	'petel	פֶּטֶל (ז)
piña (f)	'ananas	אֲנָנָס (ז)
banana (f)	ba'nana	בַּנָנָה (נ)
sandía (f)	ava'tiaχ	אֲבַטִּיחַ (ז)
uva (f)	anavim	עֲנָבִים (ז"ר)
melón (m)	melon	מֶלוֹן (ז)

12. La comida. Unidad 2

cocina (f)	mitbaχ	מִטְבָּח (ז)
receta (f)	matkon	מַתְכּוֹן (ז)
comida (f)	'oχel	אוֹכֶל (ז)
desayunar (vi)	le'eχol aruχat 'boker	לֶאֱכוֹל אֲרוּחַת בּוֹקֶר
almorzar (vi)	le'eχol aruχat tsaha'rayim	לֶאֱכוֹל אֲרוּחַת צָהֳרַיִם
cenar (vi)	le'eχol aruχat 'erev	לֶאֱכוֹל אֲרוּחַת עֶרֶב

sabor (m)	'ta'am	טַעַם (ז)
sabroso (adj)	ta'im	טָעִים
frío (adj)	kar	קַר
caliente (adj)	χam	חַם
azucarado, dulce (adj)	matok	מָתוֹק
salado (adj)	ma'luaχ	מָלוּחַ
bocadillo (m)	kariχ	כָּרִיך (ז)
guarnición (f)	to'sefet	תּוֹסֶפֶת (נ)
relleno (m)	milui	מִילוּי (ז)
salsa (f)	'rotev	רוֹטֶב (ז)
pedazo (m)	χatiχa	חֲתִיכָה (נ)
dieta (f)	di''eta	דִיאָטָה (נ)
vitamina (f)	vitamin	וִיטָמִין (ז)
caloría (f)	ka'lorya	קָלוֹרִיָה (נ)
vegetariano (m)	tsimχoni	צִמְחוֹנִי (ז)
restaurante (m)	mis'ada	מִסְעָדָה (נ)
cafetería (f)	beit kafe	בֵּית קָפֶּה (ז)
apetito (m)	te'avon	תֵּיאָבוֹן (ז)
¡Que aproveche!	betei'avon!	בְּתֵיאָבוֹן!
camarero (m)	meltsar	מֶלְצָר (ז)
camarera (f)	meltsarit	מֶלְצָרִית (נ)
barman (m)	'barmen	בַּרְמֶן (ז)
carta (f), menú (m)	tafrit	תַּפְרִיט (ז)
cuchara (f)	kaf	כַּף (נ)
cuchillo (m)	sakin	סַכִּין (ז, נ)
tenedor (m)	mazleg	מַזְלֵג (ז)
taza (f)	'sefel	סֵפֶל (ז)
plato (m)	tsa'laχat	צַלַחַת (נ)
platillo (m)	taχtit	תַּחְתִית (נ)
servilleta (f)	mapit	מַפִּית (נ)
mondadientes (m)	keisam ʃi'nayim	קִיסַם שִינַיִים (ז)
pedir (vt)	lehazmin	לְהַזְמִין
plato (m)	mana	מָנָה (נ)
porción (f)	mana	מָנָה (נ)
entremés (m)	meta'aven	מְתַאֲבֵן (ז)
ensalada (f)	salat	סָלָט (ז)
sopa (f)	marak	מָרָק (ז)
postre (m)	ki'nuaχ	קִינוּחַ (ז)
confitura (f)	riba	רִיבָּה (נ)
helado (m)	'glida	גְלִידָה (נ)
cuenta (f)	χeʃbon	חֶשְבּוֹן (ז)
pagar la cuenta	leʃalem	לְשַלֵם
propina (f)	tip	טִיפ (ז)

13. La casa. El apartamento. Unidad 1

casa (f)	'bayit	בַּיִת (ז)
casa (f) de campo	'bayit bakfar	בַּיִת בַּכְּפָר (ז)
villa (f)	'vila	וִילָה (נ)
piso (m), planta (f)	'koma	קוֹמָה (נ)
entrada (f)	knisa	כְּנִיסָה (נ)
pared (f)	kir	קִיר (ז)
techo (m)	gag	גַג (ז)
chimenea (f)	aruba	אֲרוּבָּה (נ)
desván (m)	aliyat gag	עֲלִיַת גָג (נ)
ventana (f)	xalon	חַלוֹן (ז)
alféizar (m)	'eden xalon	אֶדֶן חַלוֹן (ז)
balcón (m)	mir'peset	מִרְפֶּסֶת (נ)
escalera (f)	madregot	מַדְרֵגוֹת (נ"ר)
buzón (m)	teivat 'do'ar	תֵּיבַת דוֹאַר (נ)
contenedor (m) de basura	paχ 'zevel	פַּח זֶבֶל (ז)
ascensor (m)	ma'alit	מַעֲלִית (נ)
electricidad (f)	χaʃmal	חַשְׁמַל (ז)
bombilla (f)	nura	נוּרָה (נ)
interruptor (m)	'meteg	מֶתֶג (ז)
enchufe (m)	'ʃeka	שֶׁקַע (ז)
fusible (m)	natiχ	נָתִיךְ (ז)
puerta (f)	'delet	דֶלֶת (נ)
tirador (m)	yadit	יָדִית (נ)
llave (f)	maf'teaχ	מַפְתֵחַ (ז)
felpudo (m)	ʃtiχon	שְׁטִיחוֹן (ז)
cerradura (f)	man'ul	מַנְעוּל (ז)
timbre (m)	pa'amon	פַּעֲמוֹן (ז)
toque (m) a la puerta	hakaʃa	הַקָשָׁה (נ)
tocar la puerta	lehakiʃ	לְהַקִישׁ
mirilla (f)	einit	עֵינִית (נ)
patio (m)	χatser	חָצֵר (נ)
jardín (m)	gan	גַן (ז)
piscina (f)	breχat sχiya	בְּרֵיכַת שְׂחִיָה (נ)
gimnasio (m)	'χeder 'koʃer	חֶדֶר כּוֹשֶׁר (ז)
cancha (f) de tenis	migraʃ 'tenis	מִגְרַשׁ טֶנִיס (ז)
garaje (m)	musaχ	מוּסָךְ (ז)
propiedad (f) privada	reχuʃ prati	רְכוּשׁ פְּרָטִי (ז)
letrero (m) de aviso	'ʃelet azhara	שֶׁלֶט אַזְהָרָה (ז)
seguridad (f)	avtaχa	אַבְטָחָה (נ)
guardia (m) de seguridad	ʃomer	שׁוֹמֵר (ז)
renovación (f)	ʃiputs	שִׁיפּוּץ (ז)
renovar (vt)	leʃapets	לְשַׁפֵּץ

poner en orden	lesader	לְסַדֵּר
pintar (las paredes)	lits'bo‘a	לִצְבּוֹעַ
empapelado (m)	tapet	טַפֶּט (ז)

cubrir con barniz	lim'roax 'laka	לִמְרוֹחַ לַכָּה
tubo (m)	tsinor	צִינוֹר (ז)
instrumentos (m pl)	klei avoda	כְּלֵי עֲבוֹדָה (ז״ר)
sótano (m)	martef	מַרְתֵּף (ז)
alcantarillado (m)	biyuv	בִּיוּב (ז)

14.   La casa. El apartamento. Unidad 2

apartamento (m)	dira	דִּירָה (נ)
habitación (f)	'xeder	חֶדֶר (ז)
dormitorio (m)	xadar ʃena	חֲדַר שֵׁינָה (ז)
comedor (m)	pinat 'oxel	פִּינַת אוֹכֶל (נ)

salón (m)	salon	סָלוֹן (ז)
despacho (m)	xadar avoda	חֲדַר עֲבוֹדָה (ז)
antecámara (f)	prozdor	פְּרוֹזְדוֹר (ז)
cuarto (m) de baño	xadar am'batya	חֲדַר אַמְבַּטְיָה (ז)
servicio (m)	ʃerutim	שֵׁירוּתִים (ז״ר)

| suelo (m) | ritspa | רִצְפָּה (נ) |
| techo (m) | tikra | תִּקְרָה (נ) |

limpiar el polvo	lenakot avak	לְנַקּוֹת אָבָק
aspirador (m), aspiradora (f)	ʃo'ev avak	שׁוֹאֵב אָבָק (ז)
limpiar con la aspiradora	liʃ'ov avak	לִשְׁאוֹב אָבָק

fregona (f)	magev im smartut	מַגֵּב עִם סְמַרְטוּט (ז)
trapo (m)	smartut avak	סְמַרְטוּט אָבָק (ז)
escoba (f)	mat'ate katan	מַטְאֲטֵא קָטָן (ז)
cogedor (m)	ya'e	יָעֶה (ז)
muebles (m pl)	rehitim	רָהִיטִים (ז״ר)
mesa (f)	ʃulxan	שׁוּלְחָן (ז)
silla (f)	kise	כִּסֵּא (ז)
sillón (m)	kursa	כּוּרְסָה (נ)

librería (f)	aron sfarim	אָרוֹן סְפָרִים (ז)
estante (m)	madaf	מַדָּף (ז)
armario (m)	aron bgadim	אָרוֹן בְּגָדִים (ז)

espejo (m)	mar'a	מַרְאָה (נ)
tapiz (m)	ʃa'tiax	שָׁטִיחַ (ז)
chimenea (f)	ax	אָח (נ)
cortinas (f pl)	vilonot	וִילוֹנוֹת (ז״ר)
lámpara (f) de mesa	menorat ʃulxan	מְנוֹרַת שׁוּלְחָן (נ)
lámpara (f) de araña	niv'reʃet	נִבְרֶשֶׁת (נ)
cocina (f)	mitbax	מִטְבָּח (ז)

cocina (f) de gas	tanur gaz	תַּנּוּר גָּז (ז)
cocina (f) eléctrica	tanur χaʃmali	תַּנּוּר חַשְׁמַלִּי (ז)
horno (m) microondas	mikrogal	מִיקְרוֹגַל (ז)

frigorífico (m)	mekarer	מְקָרֵר (ז)
congelador (m)	makpi	מַקְפִּיא (ז)
lavavajillas (m)	me'diaχ kelim	מֵדִיחַ כֵּלִים (ז)
grifo (m)	'berez	בֶּרֶז (ז)

picadora (f) de carne	matχenat basar	מַטְחֵנַת בָּשָׂר (נ)
exprimidor (m)	masχeta	מַסְחֵטָה (נ)
tostador (m)	'toster	טוֹסְטֶר (ז)
batidora (f)	'mikser	מִיקְסֶר (ז)

cafetera (f) (aparato de cocina)	meχonat kafe	מְכוֹנַת קָפֶה (נ)
hervidor (m) de agua	kumkum	קוּמְקוּם (ז)
tetera (f)	kumkum	קוּמְקוּם (ז)

televisor (m)	tele'vizya	טֶלֶוְוִיזְיָה (נ)
vídeo (m)	maχʃir 'vide'o	מַכְשִׁיר וִידֵאוֹ (ז)
plancha (f)	magheʦ	מַגְהֵץ (ז)
teléfono (m)	'telefon	טֶלֶפוֹן (ז)

15. Los trabajos. El estatus social

director (m)	menahel	מְנַהֵל (ז)
superior (m)	memune	מְמוּנֶה (ז)
presidente (m)	nasi	נָשִׂיא (ז)
asistente (m)	ozer	עוֹזֵר (ז)
secretario, -a (m, f)	mazkir	מַזְכִּיר (ז)

propietario (m)	be'alim	בְּעָלִים (ז)
socio (m)	ʃutaf	שׁוּתָף (ז)
accionista (m)	'ba'al menayot	בַּעַל מְנָיוֹת (ז)

hombre (m) de negocios	iʃ asakim	אִישׁ עֲסָקִים (ז)
millonario (m)	milyoner	מִילְיוֹנֵר (ז)
multimillonario (m)	milyarder	מִילְיַארְדֵּר (ז)

actor (m)	saχkan	שַׂחְקָן (ז)
arquitecto (m)	adriχal	אַדְרִיכָל (ז)
banquero (m)	bankai	בַּנְקַאי (ז)
broker (m)	soχen	סוֹכֵן (ז)
veterinario (m)	veterinar	וֶטֶרִינָר (ז)
médico (m)	rofe	רוֹפֵא (ז)
camarera (f)	χadranit	חַדְרָנִית (נ)
diseñador (m)	me'aʦev	מְעַצֵּב (ז)
corresponsal (m)	katav	כַּתָּב (ז)
repartidor (m)	ʃa'liaχ	שָׁלִיחַ (ז)

electricista (m)	xaʃmalai	חַשְׁמַלַאי (ז)
músico (m)	muzikai	מוּזִיקַאי (ז)
niñera (f)	ʃmartaf	שְׁמַרְטַף (ז)
peluquero (m)	sapar	סַפָּר (ז)
pastor (m)	ro'e tson	רוֹעֶה צֹאן (ז)

cantante (m)	zamar	זַמָּר (ז)
traductor (m)	metargem	מְתַרְגֵּם (ז)
escritor (m)	sofer	סוֹפֵר (ז)
carpintero (m)	nagar	נַגָּר (ז)
cocinero (m)	tabax	טַבָּח (ז)

bombero (m)	kabai	כַּבַּאי (ז)
policía (m)	ʃoter	שׁוֹטֵר (ז)
cartero (m)	davar	דַּוָּר (ז)
programador (m)	metaxnet	מְתַכְנֵת (ז)
vendedor (m)	moxer	מוֹכֵר (ז)

obrero (m)	po'el	פּוֹעֵל (ז)
jardinero (m)	ganan	גַּנָּן (ז)
fontanero (m)	ʃravrav	שְׁרַבְרַב (ז)
dentista (m)	rofe ʃi'nayim	רוֹפֵא שִׁינַיִים (ז)
azafata (f)	da'yelet	דַּיֶּלֶת (נ)

bailarín (m)	rakdan	רַקְדָּן (ז)
guardaespaldas (m)	ʃomer roʃ	שׁוֹמֵר רֹאשׁ (ז)
científico (m)	mad'an	מַדְעָן (ז)
profesor (m) (~ de baile, etc.)	more	מוֹרֶה (ז)

granjero (m)	xavai	חַוַּאי (ז)
cirujano (m)	kirurg	כִּירוּרג (ז)
minero (m)	kore	כּוֹרֶה (ז)
jefe (m) de cocina	ʃef	שֶׁף (ז)
chofer (m)	nahag	נַהָג (ז)

16. Los deportes

tipo (m) de deporte	anaf sport	עָנָף ספּוֹרט (ז)
fútbol (m)	kadu'regel	כַּדּוּרֶגֶל (ז)
hockey (m)	'hoki	הוֹקִי (ז)
baloncesto (m)	kadursal	כַּדּוּרסַל (ז)
béisbol (m)	'beisbol	בֵּייסבּוֹל (ז)

voleibol (m)	kadur'af	כַּדּוּרעָף (ז)
boxeo (m)	igruf	אִיגרוּף (ז)
lucha (f)	he'avkut	הֵיאָבְקוּת (נ)
tenis (m)	'tenis	טֶנִיס (ז)
natación (f)	sxiya	שְׂחִייָה (נ)
ajedrez (m)	'ʃaxmat	שַׁחְמָט (ז)

carrera (f)	ritsa	רִיצָה (נ)
atletismo (m)	at'letika kala	אַתְלֶטִיקָה קַלָה (נ)
patinaje (m) artístico	haχlaka omanutit	הַחְלָקָה אוֹמָנוּתִית (נ)
ciclismo (m)	reχiva al ofa'nayim	רְכִיבָה עַל אוֹפַנַּיִים (נ)
billar (m)	bilyard	בִּילְיַארד (ז)
culturismo (m)	pi'tuaχ guf	פִּיתּוּחַ גוּף (ז)
golf (m)	golf	גוֹלְף (ז)
buceo (m)	tslila	צְלִילָה (נ)
vela (f)	'ʃayit	שַׁיִט (ז)
tiro (m) con arco	kaʃatut	קַשָׁתוּת (נ)
tiempo (m)	maχatsit	מַחֲצִית (נ)
descanso (m)	hafsaka	הַפְסָקָה (נ)
empate (m)	'teku	תֵּיקוּ (ז)
empatar (vi)	lesayem be'teku	לְסַייֵם בְּתֵיקוּ
cinta (f) de correr	haliχon	הֲלִיכוֹן (ז)
jugador (m)	saχkan	שַׂחְקָן (ז)
reserva (m)	saχkan maχlif	שַׂחְקָן מַחֲלִיף (ז)
banquillo (m) de reserva	safsal maχlifim	סַפְסָל מַחֲלִיפִים (ז)
match (m)	misχak	מִשְׂחָק (ז)
puerta (f)	'ʃa'ar	שַׁעַר (ז)
portero (m)	ʃo'er	שׁוֹעֵר (ז)
gol (m)	'ʃa'ar	שַׁעַר (ז)
Juegos (m pl) Olímpicos	hamisχakim ha'o'limpiyim	הַמִשְׂחָקִים הָאוֹלִימְפִּיִים (ז״ר)
establecer un record	lik'bo'a si	לִקְבּוֹעַ שִׂיא
final (m)	gmar	גְמַר (ז)
campeón (m)	aluf	אָלוּף (ז)
campeonato (m)	alifut	אֲלִיפוּת (נ)
vencedor (m)	mena'tseaχ	מְנַצֵחַ (ז)
victoria (f)	nitsaχon	נִיצָחוֹן (ז)
ganar (vi)	lena'tseaχ	לְנַצֵחַ
perder (vi)	lehafsid	לְהַפְסִיד
medalla (f)	me'dalya	מֶדַלְיָה (נ)
primer puesto (m)	makom riʃon	מָקוֹם רִאשׁוֹן (ז)
segundo puesto (m)	makom ʃeni	מָקוֹם שֵׁנִי (ז)
tercer puesto (m)	makom ʃliʃi	מָקוֹם שְׁלִישִׁי (ז)
estadio (m)	itstadyon	אִצְטַדְיוֹן (ז)
hincha (m)	ohed	אוֹהֵד (ז)
entrenador (m)	me'amen	מְאַמֵן (ז)
entrenamiento (m)	imun	אִימוּן (ז)

17. Los idiomas extranjeros. La ortografía

lengua (f)	safa	שָׂפָה (נ)
estudiar (vt)	lilmod	לִלְמוֹד

pronunciación (f)	hagiya	הֲגִיָּיה (נ)
acento (m)	mivta	מִבְטָא (ז)
sustantivo (m)	ʃem 'etsem	שֵׁם עֶצֶם (ז)
adjetivo (m)	ʃem 'to'ar	שֵׁם תּוֹאַר (ז)
verbo (m)	po'el	פּוֹעַל (ז)
adverbio (m)	'to'ar 'po'al	תּוֹאַר פּוֹעַל (ז)
pronombre (m)	ʃem guf	שֵׁם גּוּף (ז)
interjección (f)	milat kri'a	מִילַת קְרִיאָה (נ)
preposición (f)	milat 'yaχas	מִילַת יַחַס (נ)
raíz (f), radical (m)	'ʃoreʃ	שׁוֹרֶשׁ (ז)
desinencia (f)	si'yomet	סִיוֹמֶת (נ)
prefijo (m)	tχilit	תְּחִילִית (נ)
sílaba (f)	havara	הֲבָרָה (נ)
sufijo (m)	si'yomet	סִיוֹמֶת (נ)
acento (m)	'ta'am	טַעַם (ז)
punto (m)	nekuda	נְקוּדָה (נ)
coma (m)	psik	פְּסִיק (ז)
dos puntos (m pl)	nekudo'tayim	נְקוּדוֹתַיִים (נ"ר)
puntos (m pl) suspensivos	ʃaloʃ nekudot	שָׁלוֹשׁ נְקוּדוֹת (נ"ר)
pregunta (f)	ʃe'ela	שְׁאֵלָה (נ)
signo (m) de interrogación	siman ʃe'ela	סִימַן שְׁאֵלָה (ז)
signo (m) de admiración	siman kri'a	סִימַן קְרִיאָה (ז)
entre comillas	bemerχa'ot	בְּמֵרְכָאוֹת
entre paréntesis	besog'rayim	בְּסוֹגְרַיִים
letra (f)	ot	אוֹת (נ)
letra (f) mayúscula	ot gdola	אוֹת גְּדוֹלָה (נ)
oración (f)	miʃpat	מִשְׁפָּט (ז)
combinación (f) de palabras	tsiruf milim	צֵירוּף מִילִים (ז)
expresión (f)	bitui	בִּיטוּי (ז)
sujeto (m)	nose	נוֹשֵׂא (ז)
predicado (m)	nasu	נָשׂוּא (ז)
línea (f)	ʃura	שׁוּרָה (נ)
párrafo (m)	piska	פִּסְקָה (נ)
sinónimo (m)	mila nir'defet	מִילָה נִרְדֶּפֶת (נ)
antónimo (m)	'hefeχ	הֶפֶךְ (ז)
excepción (f)	yotse min haklal	יוֹצֵא מִן הַכְּלָל (ז)
subrayar (vt)	lehadgiʃ	לְהַדְגִּישׁ
reglas (f pl)	klalim	כְּלָלִים (ז"ר)
gramática (f)	dikduk	דִּקְדוּק (ז)
vocabulario (m)	otsar milim	אוֹצַר מִילִים (ז)
fonética (f)	torat ha'hege	תּוֹרַת הַהֶגֶה (נ)

alfabeto (m)	alefbeit	אָלֶפְבֵּית (ז)
manual (m)	'sefer limud	סֵפֶר לִימוּד (ז)
diccionario (m)	milon	מִילוֹן (ז)
guía (f) de conversación	siχon	שִׂיחוֹן (ז)
palabra (f)	mila	מִילָה (נ)
significado (m)	maʃma'ut	מַשְׁמָעוּת (נ)
memoria (f)	zikaron	זִיכָּרוֹן (ז)

18. La Tierra. La geografía

Tierra (f)	kadur ha''arets	כַּדוּר הָאָרֶץ (ז)
globo (m) terrestre	kadur ha''arets	כַּדוּר הָאָרֶץ (ז)
planeta (m)	koχav 'leχet	כּוֹכָב לֶכֶת (ז)
geografía (f)	ge'o'grafya	גֵּיאוֹגְרַפְיָה (נ)
naturaleza (f)	'teva	טֶבַע (ז)
mapa (m)	mapa	מַפָּה (נ)
atlas (m)	'atlas	אַטְלָס (ז)
en el norte	batsafon	בַּצָּפוֹן
en el sur	badarom	בַּדָּרוֹם
en el oeste	bama'arav	בַּמַּעֲרָב
en el este	bamizraχ	בַּמִּזְרָח
mar (m)	yam	יָם (ז)
océano (m)	ok'yanos	אוֹקְיָאנוֹס (ז)
golfo (m)	mifrats	מִפְרָץ (ז)
estrecho (m)	meitsar	מֵיצַר (ז)
continente (m)	ya'beʃet	יַבֶּשֶׁת (נ)
isla (f)	i	אִי (ז)
península (f)	χatsi i	חֲצִי אִי (ז)
archipiélago (m)	arχipelag	אַרְכִיפֶּלָג (ז)
ensenada, bahía (f)	namal	נָמָל (ז)
arrecife (m) de coral	ʃunit almogim	שׁוּנִית אַלְמוֹגִים (נ)
orilla (f)	χof	חוֹף (ז)
costa (f)	χof yam	חוֹף יָם (ז)
flujo (m)	ge'ut	גֵּאוּת (נ)
reflujo (m)	'ʃefel	שֵׁפֶל (ז)
latitud (f)	kav 'roχav	קַו רוֹחַב (ז)
longitud (f)	kav 'oreχ	קַו אוֹרֶךְ (ז)
paralelo (m)	kav 'roχav	קַו רוֹחַב (ז)
ecuador (m)	kav hamaʃve	קַו הַמַּשְׁוֶה (ז)
cielo (m)	ʃa'mayim	שָׁמַיִם (ז״ר)
horizonte (m)	'ofek	אוֹפֶק (ז)

atmósfera (f)	atmos'fera	אַטמוֹסְפֶּרָה (נ)
montaña (f)	har	הַר (ז)
cima (f)	pisga	פִּסְגָּה (נ)
roca (f)	tsuk	צוּק (ז)
colina (f)	giv'a	גִּבְעָה (נ)

volcán (m)	har 'ga'aʃ	הַר גַּעַשׁ (ז)
glaciar (m)	karχon	קַרחוֹן (ז)
cascada (f)	mapal 'mayim	מַפַּל מַיִם (ז)
llanura (f)	miʃor	מִישׁוֹר (ז)

río (m)	nahar	נָהָר (ז)
manantial (m)	ma'ayan	מַעֲיָין (ז)
ribera (f)	χof	חוֹף (ז)
río abajo (adv)	bemorad hanahar	בְּמוֹרַד הַנָּהָר
río arriba (adv)	bema'ale hanahar	בְּמַעֲלֵה הַזֶּרֶם

lago (m)	agam	אֲגַם (ז)
presa (f)	'seχer	סֶכֶר (ז)
canal (m)	te'ala	תְּעָלָה (נ)
pantano (m)	bitsa	בִּיצָה (נ)
hielo (m)	'keraχ	קֶרַח (ז)

19. Los países. Unidad 1

Europa (f)	ei'ropa	אֵירוֹפָּה (נ)
Unión (f) Europea	ha'iχud ha'eiro'pe'i	הָאִיחוּד הָאֵירוֹפִּי (ז)
europeo (m)	eiro'pe'i	אֵירוֹפָּאִי (ז)
europeo (adj)	eiro'pe'i	אֵירוֹפָּאִי

Austria (f)	'ostriya	אוֹסטרִיָה (נ)
Gran Bretaña (f)	bri'tanya hagdola	בּרִיטַניָה הַגדוֹלָה (נ)
Inglaterra (f)	'angliya	אַנגלִיָה (נ)
Bélgica (f)	'belgya	בֶּלגִיָה (נ)
Alemania (f)	ger'manya	גֶרמַניָה (נ)

Países Bajos (m pl)	'holand	הוֹלַנד (נ)
Holanda (f)	'holand	הוֹלַנד (נ)
Grecia (f)	yavan	יָווָן (נ)
Dinamarca (f)	'denemark	דֶנֶמַרק (נ)
Irlanda (f)	'irland	אִירלַנד (נ)

Islandia (f)	'island	אִיסלַנד (נ)
España (f)	sfarad	סְפָרַד (נ)
Italia (f)	i'talya	אִיטַליָה (נ)
Chipre (m)	kafrisin	קַפּרִיסִין (נ)
Malta (f)	'malta	מַלטָה (נ)

Noruega (f)	nor'vegya	נוֹרבֶגִיָה (נ)
Portugal (m)	portugal	פּוֹרטוּגָל (נ)

Finlandia (f)	'finland	פִינְלַנְד (נ)
Francia (f)	tsarfat	צָרְפַת (נ)
Suecia (f)	ʃvedya	שְבָדְיָה (נ)

Suiza (f)	ʃvaits	שְווַייץ (נ)
Escocia (f)	'skotland	סְקוֹטְלַנְד (נ)
Vaticano (m)	vatikan	וָתִיקָן (ז)
Liechtenstein (m)	liχtenʃtain	לִיכְטֶנְשְטַיין (נ)
Luxemburgo (m)	luksemburg	לוּקְסָמְבּוּרג (נ)

Mónaco (m)	mo'nako	מוֹנָקוֹ (נ)
Albania (f)	al'banya	אַלְבָּנְיָה (נ)
Bulgaria (f)	bul'garya	בּוּלְגַרְיָה (נ)
Hungría (f)	hun'garya	הוּנְגַרְיָה (נ)
Letonia (f)	'latviya	לַטְבְיָה (נ)

Lituania (f)	'lita	לִיטָא (נ)
Polonia (f)	polin	פּוֹלִין (נ)
Rumania (f)	ro'manya	רוֹמַנְיָה (נ)
Serbia (f)	'serbya	סֶרְבִּיָה (נ)
Eslovaquia (f)	slo'vakya	סְלוֹבָקְיָה (נ)

Croacia (f)	kro''atya	קְרוֹאָטְיָה (נ)
Chequia (f)	'tʃeχya	צֶ'כְיָה (נ)
Estonia (f)	es'tonya	אֶסְטוֹנְיָה (נ)
Bosnia y Herzegovina	'bosniya	בּוֹסְנְיָה (נ)
Macedonia	make'donya	מָקֶדוֹנְיָה (נ)

Eslovenia	slo'venya	סְלוֹבֶנְיָה (נ)
Montenegro (m)	monte'negro	מוֹנְטֶנֶגְרוֹ (נ)
Bielorrusia (f)	'belarus	בֶּלָרוּס (נ)
Moldavia (f)	mol'davya	מוֹלְדַבְיָה (נ)
Rusia (f)	'rusya	רוּסְיָה (נ)
Ucrania (f)	uk'rayna	אוּקְרַאִינָה (נ)

20. Los países. Unidad 2

Asia (f)	'asya	אַסְיָה (נ)
Vietnam (m)	vyetnam	וְיֶיטְנָאם (נ)
India (f)	'hodu	הוֹדוּ (נ)
Israel (m)	yisra'el	יִשְׂרָאֵל (נ)
China (f)	sin	סִין (נ)

Líbano (m)	levanon	לְבָנוֹן (נ)
Mongolia (f)	mon'golya	מוֹנְגוֹלִיָה (נ)
Malasia (f)	ma'lezya	מָלָזְיָה (נ)
Pakistán (m)	pakistan	פָּקִיסְטָן (נ)
Arabia (f) Saudita	arav hasa'udit	עֲרָב הַסָעוּדִית (נ)
Tailandia (f)	'tailand	תַאִילַנְד (נ)
Taiwán (m)	taivan	טַייוָון (נ)

Turquía (f)	'turkiya	טוּרְקִיָה (נ)
Japón (m)	yapan	יָפָּן (נ)
Afganistán (m)	afganistan	אַפְגָּנִיסְטָן (נ)

Bangladesh (m)	bangladeʃ	בַּנְגְלָדֶש (נ)
Indonesia (f)	indo'nezya	אִינְדוֹנֶזְיָה (נ)
Jordania (f)	yarden	יַרְדֵן (נ)
Irak (m)	irak	עִירָאק (נ)
Irán (m)	iran	אִירָן (נ)
Camboya (f)	kam'bodya	קַמְבּוֹדִיָה (נ)
Kuwait (m)	kuveit	כֻּוֵית (נ)
Laos (m)	la'os	לָאוֹס (נ)
Myanmar (m)	miyanmar	מְיַאנְמָר (נ)
Nepal (m)	nepal	נֶפָּאל (נ)

Emiratos (m pl) Árabes Unidos	iʃud ha'emi'royot ha'araviyot	אִיחוּד הָאֱמִירוֹיוֹת הָעַרְבִיוֹת (ז)
Siria (f)	'surya	סוֹרְיָה (נ)
Palestina (f)	falastin	פָּלֶסְטִין (נ)
Corea (f) del Sur	ko'rei'a hadromit	קוֹרֵיאָה הַדְרוֹמִית (נ)
Corea (f) del Norte	ko'rei'a hatsfonit	קוֹרֵיאָה הַצְפוֹנִית (נ)
Estados Unidos de América	arʦot habrit	אַרְצוֹת הַבְּרִית (נ״ר)

Canadá (f)	'kanada	קָנָדָה (נ)
Méjico (m)	'meksiko	מֶקְסִיקוֹ (נ)
Argentina (f)	argen'tina	אַרְגֶנְטִינָה (נ)
Brasil (m)	brazil	בְּרָזִיל (נ)

Colombia (f)	ko'lombya	קוֹלוֹמְבִּיָה (נ)
Cuba (f)	'kuba	קוּבָּה (נ)
Chile (m)	'tʃile	צִ׳ילֶה (נ)
Venezuela (f)	venetsu''ela	וֶנֶצוּאֶלָה (נ)
Ecuador (m)	ekvador	אֶקְוָדוֹר (נ)

Islas (f pl) Bahamas	iyey ba'hama	אִיֵי בָּהָאמָה (ז״ר)
Panamá (f)	pa'nama	פָּנָמָה (נ)
Egipto (m)	mits'rayim	מִצְרַיִם (נ)
Marruecos (m)	ma'roko	מָרוֹקוֹ (נ)
Túnez (m)	tu'nisya	טוּנִיסְיָה (נ)

Kenia (f)	'kenya	קֶנְיָה (נ)
Libia (f)	luv	לוּב (נ)
República (f) Sudafricana	drom 'afrika	דְרוֹם אַפְרִיקָה (נ)
Australia (f)	ost'ralya	אוֹסְטְרַלְיָה (נ)
Nueva Zelanda (f)	nyu 'ziland	נְיוּ זִילַנְד (נ)

21. El tiempo. Los desastres naturales

| tiempo (m) | 'mezeg avir | מֶזֶג אֲוֵויר (ז) |
| previsión (f) del tiempo | taχazit 'mezeg ha'avir | תַחֲזִית מֶזֶג הָאֲוֵויר (נ) |

temperatura (f)	tempera'tura	טֶמְפֶּרָטוּרָה (נ)
termómetro (m)	madχom	מַדְחוֹם (ז)
barómetro (m)	ba'rometer	בָּרוֹמֶטֶר (ז)

sol (m)	'ʃemeʃ	שֶׁמֶשׁ (נ)
brillar (vi)	lizhor	לִזְהוֹר
soleado (un día ~)	ʃimʃi	שִׁמְשִׁי
elevarse (el sol)	liz'roaχ	לִזְרוֹחַ
ponerse (vr)	liʃ'ko'a	לִשְׁקוֹעַ

lluvia (f)	'geʃem	גֶּשֶׁם (ז)
está lloviendo	yored 'geʃem	יוֹרֵד גֶּשֶׁם
aguacero (m)	matar	מָטָר (ז)
nubarrón (m)	av	עָב (ז)
charco (m)	ʃlulit	שְׁלוּלִית (נ)
mojarse (vr)	lehitratev	לְהִתְרַטֵּב

tormenta (f)	sufat re'amim	סוּפַת רְעָמִים (נ)
relámpago (m)	barak	בָּרָק (ז)
relampaguear (vi)	livhok	לִבְהוֹק
trueno (m)	'ra'am	רַעַם (ז)
está tronando	lir'om	לִרְעוֹם
granizo (m)	barad	בָּרָד (ז)
está granizando	yored barad	יוֹרֵד בָּרָד

bochorno (m)	χom	חוֹם (ז)
hace mucho calor	χam	חַם
hace calor (templado)	χamim	חָמִים
hace frío	kar	קַר

niebla (f)	arapel	עֲרָפֶל (ז)
nebuloso (adj)	me'urpal	מְעוּרְפָּל
nube (f)	anan	עָנָן (ז)
nuboso (adj)	me'unan	מְעוּנָן
humedad (f)	laχut	לַחוּת (נ)

nieve (f)	'ʃeleg	שֶׁלֶג (ז)
está nevando	yored 'ʃeleg	יוֹרֵד שֶׁלֶג
helada (f)	kfor	כְּפוֹר (ז)
bajo cero (adv)	mi'taχat la''efes	מִתַּחַת לָאֶפֶס
escarcha (f)	kfor	כְּפוֹר (ז)

mal tiempo (m)	sagrir	סַגְרִיר (ז)
catástrofe (f)	ason	אָסוֹן (ז)
inundación (f)	ʃitafon	שִׁיטָפוֹן (ז)
avalancha (f)	ma'polet ʃlagim	מַפּוֹלֶת שְׁלָגִים (נ)
terremoto (m)	re'idat adama	רְעִידַת אֲדָמָה (נ)

sacudida (f)	re'ida	רְעִידָה (נ)
epicentro (m)	moked	מוֹקֵד (ז)
erupción (f)	hitpartsut	הִתְפָּרְצוּת (נ)
lava (f)	'lava	לָאבָה (נ)

tornado (m)	tor'nado	טוֹרְנָדוֹ (ז)
torbellino (m)	hurikan	הוֹרִיקָן (ז)
huracán (m)	hurikan	הוֹרִיקָן (ז)
tsunami (m)	tsu'nami	צוּנָאמִי (ז)
ciclón (m)	tsiklon	צִיקְלוֹן (ז)

22. Los animales. Unidad 1

animal (m)	'ba'al χayim	בַּעַל חַיִּים (ז)
carnívoro (m)	χayat 'teref	חַיַּת טֶרֶף (נ)
tigre (m)	'tigris	טִיגְרִיס (ז)
león (m)	arye	אַרְיֵה (ז)
lobo (m)	ze'ev	זְאֵב (ז)
zorro (m)	ʃu'al	שׁוּעָל (ז)
jaguar (m)	yagu'ar	יָגוּאָר (ז)
lince (m)	ʃunar	שׁוּנָר (ז)
coyote (m)	ze'ev ha'aravot	זְאֵב הָעֲרָבוֹת (ז)
chacal (m)	tan	תַּן (ז)
hiena (f)	tsa'vo'a	צָבוֹעַ (ז)
ardilla (f)	sna'i	סְנָאִי (ז)
erizo (m)	kipod	קִיפּוֹד (ז)
conejo (m)	ʃafan	שָׁפָן (ז)
mapache (m)	dvivon	דְּבִיבוֹן (ז)
hámster (m)	oger	אוֹגֵר (ז)
topo (m)	χafar'peret	חֲפַרְפֶּרֶת (נ)
ratón (m)	aχbar	עַכְבָּר (ז)
rata (f)	χulda	חוּלְדָּה (נ)
murciélago (m)	atalef	עֲטַלֵּף (ז)
castor (m)	bone	בּוֹנֶה (ז)
caballo (m)	sus	סוּס (ז)
ciervo (m)	ayal	אַיָּל (ז)
camello (m)	gamal	גָּמָל (ז)
cebra (f)	'zebra	זֶבְּרָה (נ)
ballena (f)	livyatan	לִוְיָתָן (ז)
foca (f)	'kelev yam	כֶּלֶב יָם (ז)
morsa (f)	sus yam	סוּס יָם (ז)
delfín (m)	dolfin	דּוֹלְפִין (ז)
oso (m)	dov	דּוֹב (ז)
mono (m)	kof	קוֹף (ז)
elefante (m)	pil	פִּיל (ז)
rinoceronte (m)	karnaf	קַרְנַף (ז)
jirafa (f)	dʒi'rafa	גִּ'ירָפָה (נ)
hipopótamo (m)	hipopotam	הִיפּוֹפּוֹטָם (ז)

canguro (m)	'kenguru	קֶנְגּוּרוּ (ז)
gata (f)	χatula	חָתוּלָה (נ)
perro (m)	'kelev	כֶּלֶב (ז)
vaca (f)	para	פָּרָה (נ)
toro (m)	ʃor	שׁוֹר (ז)
oveja (f)	kivsa	כִּבְשָׂה (נ)
cabra (f)	ez	עֵז (נ)
asno (m)	χamor	חֲמוֹר (ז)
cerdo (m)	χazir	חֲזִיר (ז)
gallina (f)	tarne'golet	תַּרְנְגוֹלֶת (נ)
gallo (m)	tarnegol	תַּרְנְגוֹל (ז)
pato (m)	barvaz	בַּרְוָז (ז)
ganso (m)	avaz	אַוָּז (ז)
pava (f)	tarne'golet 'hodu	תַּרְנְגוֹלֶת הוֹדוּ (נ)
perro (m) pastor	'kelev ro'e	כֶּלֶב רוֹעֶה (ז)

23. Los animales. Unidad 2

pájaro (m)	tsipor	צִיפּוֹר (נ)
paloma (f)	yona	יוֹנָה (נ)
gorrión (m)	dror	דְּרוֹר (ז)
carbonero (m)	yargazi	יַרְגָּזִי (ז)
urraca (f)	orev neχalim	עוֹרֵב נְחָלִים (ז)
águila (f)	'ayit	עַיִט (ז)
azor (m)	nets	נֵץ (ז)
halcón (m)	baz	בַּז (ז)
cisne (m)	barbur	בַּרְבּוּר (ז)
grulla (f)	agur	עָגוּר (ז)
cigüeña (f)	χasida	חֲסִידָה (נ)
loro (m), papagayo (m)	'tuki	תּוּכִּי (ז)
pavo (m) real	tavas	טַוָּס (ז)
avestruz (m)	bat ya'ana	בַּת יַעֲנָה (נ)
garza (f)	anafa	אֲנָפָה (נ)
ruiseñor (m)	zamir	זָמִיר (ז)
golondrina (f)	snunit	סְנוּנִית (נ)
pájaro carpintero (m)	'neker	נֶקֶר (ז)
cuco (m)	kukiya	קוּקִיָּה (נ)
lechuza (f)	yanʃuf	יַנְשׁוּף (ז)
pingüino (m)	pingvin	פִּינְגּוִין (ז)
atún (m)	'tuna	טוּנָה (נ)
trucha (f)	forel	פוֹרֶל (ז)
anguila (f)	tslofaχ	צְלוֹפָח (ז)
tiburón (m)	kariʃ	כָּרִישׁ (ז)

centolla (f)	sartan	סַרְטָן (ז)
medusa (f)	me'duza	מָדוּזָה (נ)
pulpo (m)	tamnun	תַמְנוּן (ז)
estrella (f) de mar	koχav yam	כּוֹכָב יָם (ז)
erizo (m) de mar	kipod yam	קִיפּוֹד יָם (ז)
caballito (m) de mar	suson yam	סוּסוֹן יָם (ז)
camarón (m)	χasilon	חָסִילוֹן (ז)
serpiente (f)	naχaʃ	נָחָש (ז)
víbora (f)	'tsefa	צֶפַע (ז)
lagarto (m)	leta'a	לְטָאָה (נ)
iguana (f)	igu''ana	אִיגוּאָנָה (נ)
camaleón (m)	zikit	זִיקִית (נ)
escorpión (m)	akrav	עַקְרָב (ז)
tortuga (f)	tsav	צָב (ז)
rana (f)	tsfar'de'a	צְפַרְדֵעַ (נ)
cocodrilo (m)	tanin	תַנִין (ז)
insecto (m)	χarak	חָרָק (ז)
mariposa (f)	parpar	פַּרְפַּר (ז)
hormiga (f)	nemala	נְמָלָה (נ)
mosca (f)	zvuv	זבוב (ז)
mosquito (m) (picadura de ~)	yatuʃ	יַתוּש (ז)
escarabajo (m)	χipuʃit	חִיפּוּשִית (נ)
abeja (f)	dvora	דבוֹרָה (נ)
araña (f)	akaviʃ	עַכָּבִיש (ז)
mariquita (f)	parat moʃe ra'benu	פָּרַת מֹשֶה רַבֵּנוּ (נ)

24. Los árboles. Las plantas

árbol (m)	ets	עֵץ (ז)
abedul (m)	ʃadar	שָדָר (ז)
roble (m)	alon	אַלוֹן (ז)
tilo (m)	'tilya	טִילְיָה (נ)
pobo (m)	aspa	אַספָּה (נ)
arce (m)	'eder	אָדָר (ז)
pícea (f)	a'ʃuaχ	אַשוּחַ (ז)
pino (m)	'oren	אוֹרֶן (ז)
cedro (m)	'erez	אֶרֶז (ז)
álamo (m)	tsaftsefa	צַפְצָפָה (נ)
serbal (m)	ben χuzrar	בֶּן־חוּזרָר (ז)
haya (f)	aʃur	אָשוּר (ז)
olmo (m)	bu'kitsa	בּוּקִיצָה (נ)
fresno (m)	mela	מֵילָה (נ)
castaño (m)	armon	עַרמוֹן (ז)

palmera (f)	'dekel	דֶּקֶל (ז)
mata (f)	'siaχ	שִׂיחַ (ז)
seta (f)	pitriya	פִּטְרִיָּה (נ)
seta (f) venenosa	pitriya ra'ila	פִּטְרִיָּה רָעִילָה (נ)
seta calabaza (f)	por'tʃini	פּוֹרצִ׳ינִי (ז)
rúsula (f)	χarifit	חֲרִיפִית (נ)
matamoscas (m)	zvuvanit	זבוּבָנִית (נ)
oronja (f) verde	pitriya ra'ila	פִּטְרִיָּה רָעִילָה (נ)
flor (f)	'peraχ	פֶּרַח (ז)
ramo (m) de flores	zer	זֵר (ז)
rosa (f)	'vered	וֶרֶד (ז)
tulipán (m)	tsiv'oni	צִבְעוֹנִי (ז)
clavel (m)	tsi'poren	צִיפּוֹרֶן (ז)
manzanilla (f)	kamomil	קָמוֹמִיל (ז)
cacto (m)	'kaktus	קַקְטוּס (ז)
muguete (m)	zivanit	זִיוָנִית (נ)
campanilla (f) de las nieves	ga'lantus	גָלָנטוּס (ז)
nenúfar (m)	nufar	נוּפָר (ז)
invernadero (m) tropical	χamama	חֲמָמָה (נ)
césped (m)	midʃa'a	מִדשָׁאָה (נ)
macizo (m) de flores	arugat praχim	עֲרוּגַת פּרָחִים (נ)
planta (f)	'tsemaχ	צֶמַח (ז)
hierba (f)	'deʃe	דֶשֶׁא (ז)
hoja (f)	ale	עָלֶה (ז)
pétalo (m)	ale ko'teret	עָלֶה כּוֹתֶרֶת (ז)
tallo (m)	giv'ol	גִבעוֹל (ז)
retoño (m)	'nevet	נֶבֶט (ז)
cereales (m pl) (plantas)	dganim	דגָנִים (ז״ר)
trigo (m)	χita	חִיטָה (נ)
centeno (m)	ʃifon	שִׁיפוֹן (ז)
avena (f)	ʃi'bolet ʃu'al	שִׁיבּוֹלֶת שׁוּעָל (נ)
mijo (m)	'doχan	דּוֹחַן (ז)
cebada (f)	se'ora	שְׂעוֹרָה (נ)
maíz (m)	'tiras	תִּירָס (ז)
arroz (m)	'orez	אוֹרֶז (ז)

25. Varias palabras útiles

alto (m) (parada temporal)	hafsaka	הַפְסָקָה (נ)
ayuda (f)	ezra	עֶזְרָה (נ)
balance (m)	izun	אִיזוּן (ז)
base (f) (~ científica)	basis	בָּסִיס (ז)
categoría (f)	kate'gorya	קָטֵגוֹרְיָה (נ)

coincidencia (f)	hat'ama	הַתְאָמָה (נ)
comienzo (m) (principio)	hatχala	הַתְחָלָה (נ)
comparación (f)	ha∫va'a	הַשְׁוָאָה (נ)
desarrollo (m)	hitpatχut	הִתְפַּתְחוּת (נ)
diferencia (f)	'ʃoni	שׁוֹנִי (ז)
efecto (m)	efekt	אֶפֶקְט (ז)
ejemplo (m)	dugma	דוּגְמָה (נ)
variedad (f) (selección)	bχina	בְּחִינָה (נ)
elemento (m)	element	אֶלֶמֶנְט (ז)
error (m)	ta'ut	טָעוּת (נ)
esfuerzo (m)	ma'amats	מַאֲמָץ (ז)
estándar (adj)	tikni	תִּקְנִי
estilo (m)	signon	סִגְנוֹן (ז)
forma (f) (contorno)	tsura	צוּרָה (נ)
grado (m) (en mayor ~)	darga	דַּרְגָּה (נ)
hecho (m)	uvda	עוּבְדָּה (נ)
ideal (m)	ide'al	אִידֵיאָל (ז)
modo (m) (de otro ~)	'ofen	אוֹפֶן (ז)
momento (m)	'rega	רֶגַע (ז)
obstáculo (m)	maχsom	מַחְסוֹם (ז)
parte (f)	'χelek	חֵלֶק (ז)
pausa (f)	hafuga	הֲפוּגָה (נ)
posición (f)	emda	עֶמְדָּה (נ)
problema (m)	be'aya	בְּעָיָה (נ)
proceso (m)	tahaliχ	תַּהֲלִיךְ (ז)
progreso (m)	kidma	קִדְמָה (נ)
propiedad (f) (cualidad)	tχuna, sgula	תְּכוּנָה, סְגוּלָה (נ)
reacción (f)	tguva	תְּגוּבָה (נ)
riesgo (m)	sikun	סִיכּוּן (ז)
secreto (m)	sod	סוֹד (ז)
serie (f)	sidra	סִדְרָה (נ)
sistema (m)	ʃita	שִׁיטָה (נ)
situación (f)	matsav	מַצָּב (ז)
solución (f)	pitaron	פִּיתָרוֹן (ז)
tabla (f) (~ de multiplicar)	tavla	טַבְלָה (נ)
tempo (m) (ritmo)	'ketsev	קֶצֶב (ז)
término (m)	musag	מוּשָׂג (ז)
tipo (m) (p.ej. ~ de deportes)	sug	סוּג (ז)
turno (m) (esperar su ~)	tor	תּוֹר (ז)
urgente (adj)	daχuf	דָּחוּף
utilidad (f)	to''elet	תּוֹעֶלֶת (נ)
variante (f)	girsa	גִּירְסָה (נ)
verdad (f)	emet	אֶמֶת (נ)
zona (f)	ezor	אֵזוֹר (ז)

26. Los adjetivos. Unidad 1

abierto (adj)	pa'tuaχ	פָּתוּחַ
adicional (adj)	nosaf	נוֹסָף
agrio (sabor ~)	χamuts	חָמוּץ
agudo (adj)	χad	חַד
amargo (adj)	marir	מָרִיר

amplio (~a habitación)	meruvaχ	מְרוּוָח
antiguo (adj)	atik	עָתִיק
arriesgado (adj)	mesukan	מְסוּכָּן
artificial (adj)	melaχuti	מְלָאכוּתִי
azucarado, dulce (adj)	matok	מָתוֹק

bajo (voz ~a)	ʃaket	שָׁקֵט
bello (hermoso)	yafe	יָפֶה
blando (adj)	raχ	רַך
bronceado (adj)	ʃazuf	שָׁזוּף
central (adj)	merkazi	מֶרְכָּזִי

ciego (adj)	iver	עִיוֵר
clandestino (adj)	maχtarti	מַחְתַּרְתִּי
compatible (adj)	to'em	תוֹאֵם
congelado (pescado ~)	kafu	קָפוּא
contento (adj)	merutse	מְרוּצֶה
continuo (adj)	memuʃaχ	מְמוּשָׁך

cortés (adj)	menumas	מְנוּמָס
corto (adj)	katsar	קָצָר
crudo (huevos ~s)	χai	חַי
de segunda mano	meʃumaʃ	מְשׁוּמָשׁ
denso (~a niebla)	tsafuf	צָפוּף

derecho (adj)	yemani	יְמָנִי
difícil (decisión)	kaʃe	קָשָׁה
dulce (agua ~)	metukim	מְתוּקִים
duro (material, etc.)	kaʃe	קָשָׁה
enfermo (adj)	χole	חוֹלֶה

enorme (adj)	anaki	עֲנָקִי
especial (adj)	meyuχad	מְיוּחָד
estrecho (calle, etc.)	tsar	צַר
exacto (adj)	meduyak	מְדוּיָק
excelente (adj)	metsuyan	מְצוּיָן

excesivo (adj)	meyutar	מְיוּתָר
exterior (adj)	χitsoni	חִיצוֹנִי
fácil (adj)	kal	קַל
feliz (adj)	me'uʃar	מְאוּשָׁר
fértil (la tierra ~)	pore	פּוֹרֶה
frágil (florero, etc.)	ʃavir	שָׁבִיר

fuerte (~ voz)	ram	רָם
fuerte (adj)	χazak	חָזָק
grande (en dimensiones)	gadol	גָּדוֹל
gratis (adj)	χinam	חִינָם
importante (adj)	χaʃuv	חָשׁוּב
infantil (adj)	yaldi	יַלְדִי
inmóvil (adj)	χasar tnu'a	חֲסַר תְּנוּעָה
inteligente (adj)	pi'keaχ	פִּיקֵחַ
interior (adj)	pnimi	פְּנִימִי
izquierdo (adj)	smali	שְׂמָאלִי

27. Los adjetivos. Unidad 2

largo (camino)	aroχ	אָרוֹךְ
legal (adj)	χuki	חוּקִי
ligero (un metal ~)	kal	קַל
limpio (camisa ~)	naki	נָקִי
líquido (adj)	nozli	נוֹזְלִי
liso (piel, pelo, etc.)	χalak	חָלָק
lleno (adj)	male	מָלֵא
maduro (fruto, etc.)	baʃel	בָּשֵׁל
malo (adj)	ra	רַע
mate (sin brillo)	mat	מַט
misterioso (adj)	mistori	מִסְתּוֹרִי
muerto (adj)	met	מֵת
natal (país ~)	ʃel mo'ledet	שֶׁל מוֹלֶדֶת
negativo (adj)	ʃlili	שְׁלִילִי
no difícil (adj)	lo kaʃe	לֹא קָשֶׁה
normal (adj)	nor'mali	נוֹרְמָלִי
nuevo (adj)	χadaʃ	חָדָשׁ
obligatorio (adj)	heχreχi	הֶכְרֵחִי
opuesto (adj)	negdi	נֶגְדִי
ordinario (adj)	ragil	רָגִיל
original (inusual)	mekori	מְקוֹרִי
peligroso (adj)	mesukan	מְסוּכָּן
pequeño (adj)	katan	קָטָן
perfecto (adj)	metsuyan	מְצוּיָן
personal (adj)	prati	פְּרָטִי
pobre (adj)	ani	עָנִי
poco claro (adj)	lo barur	לֹא בָּרוּר
poco profundo (adj)	radud	רָדוּד
posible (adj)	efʃari	אֶפְשָׁרִי
principal (~ idea)	ikari	עִיקָרִי
principal (la entrada ~)	raʃi	רָאשִׁי

probable (adj)	eʃʃari	אֶפְשָׁרִי
público (adj)	tsiburi	צִיבּוּרִי
rápido (adj)	mahir	מָהִיר
raro (adj)	nadir	נָדִיר
recto (línea ~a)	yaʃar	יָשָׁר
sabroso (adj)	ta'im	טָעִים
siguiente (avión, etc.)	haba	הַבָּא
similar (adj)	dome	דּוֹמֶה
sólido (~a pared)	mutsak	מוּצָק
sucio (no limpio)	meluxlax	מְלוּכְלָךְ
tonto (adj)	tipeʃ	טִיפֵּשׁ
triste (mirada ~)	atsuv	עָצוּב
último (~a oportunidad)	axaron	אַחֲרוֹן
último (~a vez)	ʃe'avar	שֶׁעָבַר
vacío (vaso medio ~)	rek	רֵיק
viejo (casa ~a)	yaʃan	יָשָׁן

28. Los verbos. Unidad 1

abrir (vt)	lifftoax	לִפְתּוֹחַ
acabar, terminar (vt)	lesayem	לְסַיֵּם
acusar (vt)	leha'aʃim	לְהַאֲשִׁים
agradecer (vt)	lehodot	לְהוֹדוֹת
almorzar (vi)	le'exol aruxat tsaha'rayim	לֶאֱכוֹל אֲרוּחַת צָהֳרַיִים
alquilar (~ una casa)	liskor	לִשְׂכּוֹר
anular (vt)	levatel	לְבַטֵּל
anunciar (vt)	leho'dia	לְהוֹדִיעַ
apagar (vt)	lexabot	לְכַבּוֹת
autorizar (vt)	leharʃot	לְהַרְשׁוֹת
ayudar (vt)	la'azor	לַעֲזוֹר
bailar (vi, vt)	lirkod	לִרְקוֹד
beber (vi, vt)	liʃtot	לִשְׁתּוֹת
borrar (vt)	limxok	לִמְחוֹק
bromear (vi)	lehitba'deax	לְהִתְבַּדֵּחַ
bucear (vi)	litslol	לִצְלוֹל
caer (vi)	lipol	לִיפּוֹל
cambiar (vt)	leʃanot	לְשַׁנּוֹת
cantar (vi)	laʃir	לָשִׁיר
cavar (vt)	laxpor	לַחְפּוֹר
cazar (vi, vt)	latsud	לָצוּד
cenar (vi)	le'exol aruxat 'erev	לֶאֱכוֹל אֲרוּחַת עֶרֶב
cerrar (vt)	lisgor	לִסְגּוֹר
cesar (vt)	lehafsik	לְהַפְסִיק
coger (vt)	litfos	לִתְפּוֹס

comenzar (vt)	lehatχil	לְהַתְחִיל
comer (vi, vt)	le'eχol	לֶאֱכֹל
comparar (vt)	lehaʃvot	לְהַשְׁווֹת
comprar (vt)	liknot	לִקְנוֹת
comprender (vt)	lehavin	לְהָבִין
confiar (vt)	liv'toaχ	לִבְטוֹחַ
confirmar (vt)	le'aʃer	לְאַשֵּׁר
conocer (~ a alguien)	lehakir et	לְהַכִּיר אֶת
construir (vt)	livnot	לִבְנוֹת
contar (una historia)	lesaper	לְסַפֵּר
contar (vt) (enumerar)	lispor	לִסְפּוֹר
contar con ...	lismoχ al	לִסְמוֹךְ עַל
copiar (vt)	leha'atik	לְהַעֲתִיק
correr (vi)	laruts	לָרוּץ
costar (vt)	la'alot	לַעֲלוֹת
crear (vt)	litsor	לִיצוֹר
creer (en Dios)	leha'amin	לְהַאֲמִין
dar (vt)	latet	לָתֵת
decidir (vt)	lehaχlit	לְהַחְלִיט
decir (vt)	lomar	לוֹמַר
dejar caer	lehapil	לְהַפִּיל
depender de ...	lihyot talui be...	לִהְיוֹת תָּלוּי בְּ...
desaparecer (vi)	lehe'alem	לְהֵיעָלֵם
desayunar (vi)	le'eχol aruχat 'boker	לֶאֱכֹל אֲרוּחַת בּוֹקֶר
despreciar (vt)	lezalzel be...	לְזַלְזֵל בְּ...
disculpar (vt)	lis'loaχ	לִסְלוֹחַ
disculparse (vr)	lehitnatsel	לְהִתְנַצֵּל
discutir (vt)	ladun	לָדוּן
divorciarse (vr)	lehitgareʃ mi...	לְהִתְגָּרֵשׁ מִ...
dudar (vt)	lefakpek	לְפַקְפֵּק

29. Los verbos. Unidad 2

encender (vt)	lehadlik	לְהַדְלִיק
encontrar (hallar)	limtso	לִמְצוֹא
encontrarse (vr)	lehipageʃ	לְהִיפָּגֵשׁ
engañar (vi, vt)	leramot	לְרַמּוֹת
enviar (vt)	liʃ'loaχ	לִשְׁלוֹחַ
equivocarse (vr)	lit'ot	לִטְעוֹת
escoger (vt)	livχor	לִבְחוֹר
esconder (vt)	lehastir	לְהַסְתִּיר
escribir (vt)	liχtov	לִכְתּוֹב
esperar (aguardar)	lehamtin	לְהַמְתִּין
esperar (tener esperanza)	lekavot	לְקַווֹת

estar ausente	lehe'ader	לְהֵיעָדֵר
estar cansado	lehit'ayef	לְהִתְעַיֵּף
estar de acuerdo	lehaskim	לְהַסְכִּים
estudiar (vt)	lilmod	לִלְמוֹד
exigir (vt)	lidroʃ	לִדְרוֹשׁ
existir (vi)	lehitkayem	לְהִתְקַיֵּם
explicar (vt)	lehasbir	לְהַסְבִּיר
faltar (a las clases)	lehaχsir	לְהַחְסִיר
felicitar (vt)	levareχ	לְבָרֵךְ
firmar (~ el contrato)	laχtom	לַחְתּוֹם
girar (~ a la izquierda)	lifnot	לִפְנוֹת
gritar (vi)	lits'ok	לִצְעוֹק
guardar (conservar)	liʃmor	לִשְׁמוֹר
gustar (vi)	limtso χen be'ei'nayim	לִמְצוֹא חֵן בְּעֵינַיִים
hablar (vi, vt)	ledaber	לְדַבֵּר
hablar con …	ledaber	לְדַבֵּר
hacer (vt)	la'asot	לַעֲשׂוֹת
hacer la limpieza	lesader	לְסַדֵּר
insistir (vi)	lehit'akeʃ	לְהִתְעַקֵּשׁ
insultar (vt)	leha'aliv	לְהַעֲלִיב
invitar (vt)	lehazmin	לְהַזְמִין
ir (a pie)	la'leχet	לָלֶכֶת
jugar (divertirse)	lesaχek	לְשַׂחֵק
leer (vi, vt)	likro	לִקְרוֹא
llegar (vi)	leha'gi'a	לְהַגִּיעַ
llorar (vi)	livkot	לִבְכּוֹת
matar (vt)	laharog	לַהֲרוֹג
mirar a …	lehistakel	לְהִסְתַּכֵּל
molestar (vt)	lehafri'a	לְהַפְרִיעַ
morir (vi)	lamut	לָמוּת
mostrar (vt)	lehar'ot	לְהַרְאוֹת
nacer (vi)	lehivaled	לְהִיווָלֵד
nadar (vi)	lisχot	לִשְׂחוֹת
negar (vt)	liʃlol	לִשְׁלוֹל
obedecer (vi, vt)	letsayet	לְצַיֵּת
odiar (vt)	lisno	לִשְׂנוֹא
oír (vt)	liʃmo'a	לִשְׁמוֹעַ
olvidar (vt)	liʃkoaχ	לִשְׁכּוֹחַ
orar (vi)	lehitpalel	לְהִתְפַּלֵּל

30. Los verbos. Unidad 3

pagar (vi, vt)	leʃalem	לְשַׁלֵּם
participar (vi)	lehiʃtatef	לְהִשְׁתַּתֵּף

pegar (golpear)	lehakot	לְהַכּוֹת
pelear (vi)	lehitkotet	לְהִתְקוֹטֵט
pensar (vi, vt)	laxʃov	לַחְשׁוֹב
perder (paraguas, etc.)	le'abed	לְאַבֵּד
perdonar (vt)	lis'loax	לִסְלוֹחַ
pertenecer a …	lehiʃtayex	לְהִשְׁתַּיֵּךְ
poder (v aux)	yaxol	יָכוֹל
poder (v aux)	yaxol	יָכוֹל
preguntar (vt)	liʃ'ol	לִשְׁאוֹל
preparar (la cena)	levaʃel	לְבַשֵׁל
prever (vt)	laxazot	לַחֲזוֹת
probar (vt)	leho'xiax	לְהוֹכִיחַ
prohibir (vt)	le'esor al	לֶאֱסוֹר עַל
prometer (vt)	lehav'tiax	לְהַבְטִיחַ
proponer (vt)	leha'tsi'a	לְהַצִּיעַ
quebrar (vt)	liʃbor	לִשְׁבּוֹר
quejarse (vr)	lehitlonen	לְהִתְלוֹנֵן
querer (amar)	le'ehov	לֶאֱהוֹב
querer (desear)	lirtsot	לִרְצוֹת
recibir (vt)	lekabel	לְקַבֵּל
repetir (vt)	laxazor al	לַחֲזוֹר עַל
reservar (~ una mesa)	lehazmin meroʃ	לְהַזְמִין מֵרֹאשׁ
responder (vi, vt)	la'anot	לַעֲנוֹת
robar (vt)	lignov	לִגְנוֹב
saber (~ algo mas)	la'da'at	לָדַעַת
salvar (vt)	lehatsil	לְהַצִּיל
secar (ropa, pelo)	leyabeʃ	לְיַבֵּשׁ
sentarse (vr)	lehityaʃev	לְהִתְיַישֵׁב
sonreír (vi)	lexayex	לְחַיֵּךְ
tener (vt)	lehaxzik	לְהַחֲזִיק
tener miedo	lefaxed	לְפַחֵד
tener prisa	lemaher	לְמַהֵר
tener prisa	lemaher	לְמַהֵר
terminar (vt)	lesayem	לְסַיֵּם
tirar, disparar (vi)	lirot	לִירוֹת
tomar (vt)	la'kaxat	לָקַחַת
trabajar (vi)	la'avod	לַעֲבוֹד
traducir (vt)	letargem	לְתַרְגֵּם
tratar (de hacer algo)	lenasot	לְנַסּוֹת
vender (vt)	limkor	לִמְכּוֹר
ver (vt)	lir'ot	לִרְאוֹת
verificar (vt)	livdok	לִבְדוֹק
volar (pájaro, avión)	la'uf	לָעוּף